Wander
PROVIANT

Anna Plumbaum

Wander PROVIANT

70 vegetarische Lieblingsrezepte to go

CHRISTIAN

Inhalt

HERBST

WINTER

GETRÄNKE UND SNACKS

Vorwort

Während einer Tour durch Wälder, Berge und Felder ist die Wanderrast oft das Highlight. Denn wenn nicht nur die Aussicht auf schöne Landschaften lockt, sondern auch auf den leckeren Proviant im Gepäck, dann ist die Freude loszuziehen besonders groß. Schließlich schmecken die eingepackten Stullen oder der selbst gebackene Kuchen unter freiem Himmel gleich doppelt so gut!

Ich liebe es, auf Wanderungen den Wandel der Jahreszeiten mitzuerleben. Und was passt da besser, als unterwegs saisonale Köstlichkeiten zu schlemmen? Im Frühling zelebriere ich gerne die heimische Kräutervielfalt und freue mich, wenn Bärlauch in den Parks und Wäldern sprießt, den ich daheim gleich zu Pesto, Saucen oder Dips für die nächsten Wandertouren verarbeite. Im Sommer kann man mit etwas Glück unterwegs Waldbeeren und Kirschen naschen, im herbstlichen Wald Pilze, Maronen und Nüsse finden und im Winter sogar noch unter der Schneedecke Rosenkohl auf den Feldern sichten. Deshalb findet ihr auf den folgenden Seiten meine liebsten Proviantrezepte für alle Jahreszeiten mit möglichst regionalen Gemüse- und Obstsorten. Übrigens zieht es die meisten von uns ausschließlich an warmen und hellen Tagen nach draußen, dabei haben auch winterliche Wanderungen durch frostige oder nebelige Landschaften ihren Reiz – auch wenn die Routen dann wegen der Kälte oft kürzer ausfallen. Doch mit wärmenden Getränken und Speisen kann man es sich selbst dann draußen gemütlich machen.

Und wenn es euch gerade nicht auf eine Wandertour zieht, eignen sich die »Rezepte to go« auch hervorragend für Pausen in der Schule oder an der Uni, im Büro oder Homeoffice, auf langen Zug- oder Autofahrten sowie für Picknicks oder Gartenfeste mit Freunden! Die Gerichte sind alle so konzipiert, dass sie auch längere Strecken über Stock und Stein überstehen und sich daher besonders gut zum Mitnehmen eignen. Außerdem sind die meisten Leckereien ganz fix gemacht oder lassen sich in Ruhe bereits am Vorabend zubereiten.

In diesem Sinne wünsche ich euch fröhliches Ausprobieren und viele genussvolle Wanderungen durch wunderschöne Landschaften, ob solo oder mit euren Lieblingsmenschen!

Bevor es losgeht...

HINWEISE ZU DEN REZEPTEN

Vegane Rezepte: Ihr findet auf den folgenden Seiten rund 70 vegetarische Rezepte, mehr als die Hälfte davon ist vegan, oder es gibt eine vegane Alternative.

Backofentemperatur: Die Temperaturangaben bei den Backrezepten beziehen sich auf Ober- und Unterhitze, gebacken wird auf der mittleren Schiene, wenn nicht anders beschrieben.

Portionsgrößen: Ein Großteil der Gerichte ist für zwei Personen konzipiert und lässt sich in einer runden oder eckigen Lunchbox à 1,2 l oder einem Thermo-Essensbehälter à 700 ml verstauen. Die Backrezepte sind so ausgelegt, dass sie in den meisten Fällen für ein Backblech reichen.

Abwandeln erwünscht: Lasst euch von den Rezepten inspirieren und nicht abschrecken, wenn Gemüsesorten, Kräuter oder Gewürze dabei sind, die ihr nicht mögt oder gerade nicht zur Hand habt. Seid mutig und ersetzt sie nach Gusto durch eure persönlichen Favoriten.

EQUIPMENT-BASICS & TIPPS FÜR DEN TRANSPORT VON WANDERPROVIANT

Mit nur wenigen Helfern seid ihr gut gerüstet, um selbst gemachte Leckereien für Ausflüge und Tageswanderungen zu transportieren. Als Grundausstattung reichen dabei eine ausreichend große Lunchbox, Schraubgläser und leichtes Outdoor-Besteck. Und keine Sorge, so schwer zu tragen ist der Proviant nicht. Wer zu zweit wandert, kann sich den Extra-Ballast (zu den ohnehin schweren Wasserflaschen) gut aufteilen: So findet zum Beispiel die Lunchbox mit dem Salat in eurem Rucksack Platz, und ein halbes Baguette, zwei Holzgabeln und Servietten verstaut eure Begleitung im Gepäck.

Lunchbox: Die Hauptkriterien bei der Wahl eurer Lunchbox: Sie muss robust und auslaufsicher sein. Verwendet daher Boxen mit einem stabilen Dichtungsring und prüft den Behälter vor der ersten Wanderung auf seine Auslaufsicherheit. Die Größe der Box könnt ihr individuell wählen, sodass sie gut in den Wanderrucksack passt und euch im gefüllten Zustand auf Dauer nicht zu schwer wird. Bei meinen Wanderungen hat sich das Volumen von 1,2 l für zwei Portionen bewährt. Eckige Boxen sind dabei etwas vielseitiger, da man darin sowohl Salate als auch Sandwiches & Co. gut unterkriegt. Aber auch runde Boxen eignen sich gut für Snacks, Salate und Bowls to go.

Thermo-Essensbehälter: Wer auch unterwegs auf warme Speisen nicht verzichten möchte, dem empfehle ich einen (natürlich ebenfalls auslaufsicheren) Thermo-Essensbehälter. Im Gegensatz zu einer Thermosflasche hat dieser eine größere Öffnung, aus der man die Speisen direkt genießen kann. Zusätzlich kann der Deckel als Schüssel verwendet werden, was den Behälter optimal für eine Rast für zwei Personen macht. Praktisch: In manchen Fällen ist im Deckel ein Esslöffel integriert. Für zwei Portionen heiße Suppe, Eintopf oder Porridge reicht ein Behälter mit 700 ml Volumen.

Thermoflasche: Unverzichtbar für warme Getränke in der kalten Jahreszeit ist eine gut isolierte Thermoflasche. Da man diese oft zusätzlich zum Wasser mitnimmt, sollte sie jedoch nicht allzu groß sein: 750 ml für Kaffee, Tee & Co. to go reichen für Zwei. Ich nehme übrigens auch an sehr heißen Sommertagen gerne eine Thermoflasche mit und fülle sie mit kaltem, aromatisiertem Wasser. Auch wenn sie etwas schwerer ist – die Extra-Abkühlung für unterwegs ist es wert!

Schraubgläser: Für Dips, Aufstriche und Toppings sind gut gespülte Schraubgläser oft die beste Wahl, denn sie finden sich in jedem Haushalt und sind auslaufsicher. Für Wanderungen ist es deshalb praktisch, eine kleine Auswahl von Gläsern von etwa 200 bis 400 ml Fassungsvermögen parat zu haben. Wer mag, kann stattdessen auch Weckgläser mit Dichtungsring verwenden.

Besteck und Geschirr: Ob aus Holz, Bambus oder leichtem Metall: Ein kleines Etui mit Basic-Outdoor-Besteck ist schön kompakt, leicht und hilfreich. Dabei genügen zwei Esslöffel für Suppen und Eintöpfe, zwei Gabeln für Salate & Co. sowie zwei kleinere Löffel für Desserts und Dips. Praktisch ist auch ein kleines Brotmesser zum Bestreichen oder Schneiden von Gebäck. Spezielles Outdoor-Geschirr ist oft gar nicht notwendig für unterwegs. Wenn ihr nur zu zweit seid, könnt ihr die Speisen direkt aus der Lunchbox oder dem Thermo-Behälter samt Deckel genießen. Wer sich das Essen aber lieber aufteilen möchte, kann zusätzlich ein bis zwei leichte Teller oder Schalen einpacken.

Servietten und Papier: Ob zum Einwickeln von Besteck und Messern oder zum Saubermachen: Hier eignen sich Stoffservietten gut, die ihr nach Gebrauch in einen Extrabeutel oder eine Papiertüte packen könnt, um sie daheim wieder zu waschen. Stattdessen könnt ihr auch Küchenpapier, Papierservietten oder Taschentücher mitnehmen. Manche Sandwiches und Kuchen sind in der Lunchbox am besten aufgehoben, wenn man sie zusätzlich mit Butterbrotpapier abtrennt oder darin einwickelt. Ihr könnt aber auch Backpapier, Frischhaltefolie oder Bienenwachstücher nehmen. Und die unkomplizierteste Variante, um trockenes Gebäck oder Brot zu transportieren, ist eine Brottüte aus Papier. Hebt für diesen Fall am besten immer ein paar Tüten auf, die ihr beim Bäcker bekommt. Wenn die Leckereien verputzt sind, könnt ihr die Tüte zudem nutzen, um benutztes Besteck und Servietten darin für den Rückweg zu verstauen.

Kühltasche & Picknickdecke: An sehr heißen Wandertagen empfiehlt es sich, die Lunchbox oder die Gläser mit Desserts oder Dips in einer kleinen Kühltasche mit ein bis zwei Kühlakkus zu verstauen. Wählt die Größe der Kühltasche so aus, dass die Lunchbox gut hineinpasst. Für eine Lunchbox mit 1,2 l Volumen und zwei Kühlakkus reicht beispielsweise eine Kühltasche mit 1,5 l Volumen. Auf den meisten gut besuchten Wanderwegen werdet ihr sicher eine schöne Bank für die Rast finden, sodass ihr getrost auf eine Picknickdecke verzichten könnt. Bei etwas abgelegenen Wegen oder bei Nieselregen macht es aber mehr Spaß, die Essenspause auf einer Decke zu genießen. Alternativ könnt ihr auch faltbare Sitzkissen einpacken.

Frühling

Bärlauch-Frittata

mit buntem Tomatensalat

Bärlauch ist einer der ersten leckeren Frühlingsboten im Wald und lässt sich mit etwas Glück auf Wanderungen und Spaziergängen sichten oder an seinem feinen Knoblauchduft erkennen. Aus dem Kraut mache ich am liebsten Pesto und Dressings, aber auch diese einfache und würzige Frittata darf in keinem Frühling fehlen.

CA. 20 MINUTEN + 20 MINUTEN BACKZEIT

FÜR 2 PERSONEN

1 rote Zwiebel
1 TL Butter plus Butter für die Form
50 g Bärlauch
50 ml Milch
4 Eier
Salz
frisch gemahlener schwarzer Pfeffer
Muskatnuss
½ Packung Feta (ca. 75 g)
250 g bunte Cocktailtomaten
1 EL Olivenöl
1 EL Zitronensaft

Außerdem
1 Auflaufform à ca. 16 × 22 cm
1 Schraubglas à ca. 400 ml
1 eckige Lunchbox à ca. 1,2 l
1–2 EL Röstschalotten (fried shallots/fried onions)

ZUBEREITUNG

Für die Frittata den Backofen auf 180 °C vorheizen. Die Zwiebel abziehen, halbieren und in feine Streifen schneiden. Die Butter in einer kleinen Pfanne zerlassen und die Zwiebeln darin bei mittlerer Temperatur etwa 3–5 Minuten anschwitzen. Den Bärlauch waschen und trocken schütteln, etwa ⅓ für den Salat zur Seite legen und den Rest samt Stielen grob hacken. Mit der Milch in einer Rührschüssel fein pürieren. Die Eier zugeben und alles zu einer homogenen Masse verquirlen. Mit ½ TL Salz, Pfeffer und 2 Prisen Muskatnuss würzen. Den Feta abtropfen lassen, grob würfeln und untermischen. Die Auflaufform buttern und die Bärlauchmasse gleichmäßig hineinfüllen. Auf Wunsch mit zwei bis drei Bärlauchblättern belegen und etwa 20 Minuten im Ofen stocken lassen.

Inzwischen für den Salat den zurückgelegten Bärlauch mittelgrob hacken. Die Tomaten waschen, halbieren und in dem Schraubglas mit dem Öl und dem Zitronensaft vermischen. Mit Salz und Pfeffer würzen und das Glas verschließen.

Die Frittata abkühlen lassen, halbieren und mit einem Stück Butterbrot- oder Backpapier dazwischen in die Lunchbox geben. Die Frittata mit dem Tomatensalat servieren.

Rote-Bete-Eier

auf Buchweizen-Tabouleh

Bereitet am besten gleich die doppelte Menge der Rote-Bete-Gewürzeier zu, wenn Ostern vor der Tür steht – sie passen nämlich auch gut zum Oster-Brunch oder als Vorspeise für ein frühlingshaftes Festmenü.

CA. 35 MINUTEN + 8 STUNDEN WARTEZEIT

FÜR 2 PERSONEN

Eier

4 Eier
Salz
400 ml Rote-Bete-Saft
2 EL Weißweinessig
2 Sternanis
2 Gewürznelken
½ TL Fenchelsamen
½ TL Koriandersamen
½ TL schwarze Pfefferkörner

Tabouleh

80 g Buchweizen
2 Frühlingszwiebeln
1 Bund glatte Petersilie
1 Bund Dill
2 Stängel Minze
100 g Johannisbeer- oder Cocktailtomaten
¼ Salatgurke
1 unbehandelte Zitrone
2–3 EL Olivenöl
1 EL flüssiger Honig
frisch gemahlener schwarzer Pfeffer
2 Prisen gemahlener Kreuzkümmel

Außerdem

1 runde Lunchbox à ca. 1,2 l

ZUBEREITUNG

Die Eier in einem Topf mit kochendem Salzwasser etwa 10 Minuten hart kochen, dann kalt abspülen und pellen. Den Rote-Bete-Saft mit dem Essig in eine Schüssel oder einen kleinen Topf geben. Die Gewürze in ein Teesieb füllen und mit den Eiern hineinlegen. Abgedeckt mindestens über Nacht durchziehen lassen.

Für das Tabouleh den Buchweizen nach Packungsangabe garen und in eine Rührschüssel geben. Die Frühlingszwiebeln waschen, in feine Röllchen schneiden und zugeben. Die Petersilie, den Dill und die Minze waschen, die Blätter und Spitzen mittelfein hacken und zugeben. Die Tomaten waschen, falls nötig halbieren. Die Gurke waschen, in etwa 1–2 cm große Würfel schneiden und mit den Tomaten ebenfalls zugeben.

Für das Dressing die Zitrone heiß abwaschen, ½ TL Schale fein abreiben und 40–50 ml Saft auspressen. Beides mit dem Öl und dem Honig in einer kleinen Schale gut verrühren und mit Salz, Pfeffer und Kreuzkümmel würzen. Das Dressing mit dem Salat vermischen. Den Salat in die Lunchbox füllen, die Eier halbieren und darauflegen. Bis zum Transport kühl stellen.

TIPP

Auch lecker: Das Tabouleh zusätzlich mit Granatapfelkernen, gerösteten Walnüssen und etwas Feta verfeinern!

Stulle

mit Curry-Karotten-Creme und Räuchertofu

Die aromatische Karottencreme mit Curry und Dill zusammen mit knackigen Radieschen und deftigem Räuchertofu macht diese »Frühlings-Stulle« zu einem meiner absoluten Favoriten für unterwegs.

CA. 40 MINUTEN

ERGIBT 2–3 STULLEN FÜR 2 PERSONEN

500 g Karotten
1 TL Currypulver
1 EL Mandelmus
1 TL Zitronensaft
½ Bund Dill plus Dill für die Garnitur (optional)
Salz
frisch gemahlener schwarzer Pfeffer
½ Bund Radieschen
1 EL Weißweinessig
1 TL Ahornsirup
200 g Räuchertofu (z. B. Sesam-Mandel-Räuchertofu)
4–6 Scheiben Bauernbrot
2 TL mittelscharfer Senf

Außerdem
1 eckige Lunchbox à ca. 1,2 l

ZUBEREITUNG

Für die Creme die Karotten schälen, in etwa 2 cm dicke Scheiben schneiden und in einem geschlossenen Topf im Dämpfeinsatz mit wenig Wasser etwa 20 Minuten dämpfen, bis sie weich sind. In eine Rührschüssel geben, das Currypulver, das Mandelmus und den Zitronensaft zufügen. Den Dill waschen, die Spitzen grob hacken und mit etwas Salz und Pfeffer zugeben. Alles fein pürieren und würzig abschmecken.

Inzwischen die Radieschen putzen und waschen, falls nötig halbieren, dann in feine Scheiben schneiden. In einer Schüssel mit dem Essig und dem Ahornsirup vermischen, salzen und pfeffern. Den Räuchertofu in etwa 0,5 cm dicke Scheiben schneiden. Die Brotscheiben gleichmäßig mit dem Senf bestreichen, die Karottencreme darauf verteilen und mit den Tofuscheiben belegen. Die Radieschen abtropfen lassen und daraufgeben, auf Wunsch mit Dill garnieren. Die Stullen zuklappen und mit Butterbrotpapier dazwischen in der Lunchbox verstauen.

Spargelcremesuppe

mit Orange, Vanille und Chili

Die Kombination aus Chiliflocken, Vanille und etwas Orangenabrieb passt toll zum weißen Spargel und verleiht dieser einfachen Cremesuppe ein besonderes Aroma. Perfekt, um die Spargelsaison draußen zu zelebrieren.

CA. 35 MINUTEN

FÜR 2 PERSONEN

500 g weißer Spargel
1 Knoblauchzehe
½ Zwiebel
1 EL Butter (oder vegane Margarine)
1 kleine mehligkochende Kartoffel
½ Bourbon-Vanilleschote
2–3 Prisen Chiliflocken
1 TL Rohrohrzucker
Salz
½ Bund glatte Petersilie
1 unbehandelte Orange
2 EL Olivenöl
1 EL Haselnusskrokant
125 g Mascarpone (oder vegane Frischkäsealternative)
1 EL Weißweinessig
1 gestrichener EL Speisestärke

Außerdem
1 Schraubglas à ca. 300 ml
1 Thermo-Essensbehälter à ca. 700 ml

ZUBEREITUNG

Den Spargel schälen, holzige Enden abschneiden und die Stangen leicht schräg in etwa 4 cm lange Stücke schneiden. Den Knoblauch und die Zwiebel abziehen und grob würfeln. Die Butter in einem mittelgroßen Topf zerlassen und den Spargel mit dem Knoblauch und den Zwiebeln darin etwa 3 Minuten anbraten. Die Kartoffel schälen, grob würfeln und zugeben. Alles mit 500 ml Wasser aufgießen und aufgedeckt etwa 20 Minuten bei mittlerer Temperatur kochen. Die Vanilleschote längs aufschneiden, das Mark herauskratzen und mit den Chiliflocken, dem Zucker und etwas Salz zugeben.

Die Petersilie waschen, die Blättchen samt feinen Stielen fein hacken. In das Schraubglas geben. Die Orange heiß abwaschen und 1 TL Schale fein abreiben. Die Hälfte des Abriebs zur Petersilie geben, gefolgt von dem Olivenöl und dem Haselnusskrokant sowie etwas Salz. Aus der Suppe eine Kelle Spargelspitzen herausnehmen, abtropfen lassen und zum Petersilienmix geben. Das Glas verschließen und das Topping leicht durchschütteln.

Die Suppe mit dem Mascarpone fein pürieren. Den Essig sowie den übrigen ½ TL Orangenabrieb unterrühren und die Suppe kräftig mit Salz und Chiliflocken abschmecken. Die Suppe wieder aufkochen. Die Stärke mit 2 EL kaltem Wasser glatt rühren, zugeben und 1 Minute mitkochen. Die Suppe heiß in den Thermo-Essensbehälter füllen. Vor dem Servieren das Topping daraufgeben.

Hirsebratlinge

mit Rhabarberchutney

Die Bratlinge sind ein tolles Fingerfood für unterwegs, und das fruchtige Chutney passt gut dazu. Wer für Rhabarber nichts übrig hat, kann aber auch zu einem einfachen Joghurtdip greifen.

CA. 1 STUNDE

FÜR 2 PERSONEN

Chutney
500 g Rhabarber
1 Zwiebel
1 walnussgroßes Stück Ingwerknolle
je ½ TL Senf- und Koriandersamen
je 1 Prise Zimt, Chili und Kreuzkümmel
4 EL Weißweinessig
50 ml Rote-Bete-Saft

Bratlinge
250 g Hirse
1 Karotte
Salz
1 Lorbeerblatt
1 Zwiebel
1 Knoblauchzehe
3 EL Bratöl
50 g Sonnenblumenkerne
1 Ei
2 EL Kichererbsenmehl
1 TL getrockneter Thymian
½ TL edelsüßes Paprikapulver

Außerdem
1–2 Schraubgläser für das Chutney
1 eckige Lunchbox à ca. 1,2 l

ZUBEREITUNG

Für das Chutney den Rhabarber waschen, putzen und grob würfeln. Die Zwiebel abziehen, den Ingwer schälen und beides fein würfeln. Alles mit 100 ml Wasser und den übrigen Zutaten in einen Topf geben und bei mittlerer Temperatur aufgedeckt etwa 30 Minuten kochen, dabei gelegentlich umrühren. Anschließend auf Wunsch grob pürieren und noch heiß in ein Schraubglas füllen. Komplett auskühlen lassen.

Für die Bratlinge die Hirse in einen Topf geben. Dann die Karotte schälen, etwa 1 cm groß würfeln und mit 650 ml Wasser, Salz und dem Lorbeerblatt zugeben. Etwa 20 Minuten abgedeckt bei geringer bis mittlerer Temperatur köcheln und anschließend auf der ausgeschalteten Herdplatte weitere 20 Minuten ausquellen lassen. Das Lorbeerblatt entfernen.

Die Zwiebel und den Knoblauch abziehen und fein würfeln. 1 EL Öl in einer Pfanne erhitzen und beides darin bei mittlerer Temperatur etwa 3 Minuten anschwitzen. In einer weiteren Pfanne die Sonnenblumenkerne ohne Fett anrösten, bis sie duften. Den Zwiebel-Mix, die Sonnenblumenkerne und den Hirse-Mix in eine Schüssel geben und mit dem Ei, dem Kichererbsenmehl, dem Thymian und dem Paprikapulver vermischen. Aus der Masse etwa acht Bratlinge formen. Die übrigen 2 EL Öl in einer großen Pfanne erhitzen und die Bratlinge darin portionsweise von beiden Seiten goldbraun braten. Abkühlen lassen und in die Lunchbox packen. Das Chutney separat im Schraubglas transportieren. Auf Wunsch Kohlrabisalat dazu servieren (siehe Tipp).

TIPP

Zu den Bratlingen passt ein einfacher Kohlrabisalat. Dafür 1 Kohlrabi in feine Juliennestreifen schneiden. ½ Bund Schnittlauch in feine Röllchen schneiden und zugeben. Für die Vinaigrette 2 EL Rapsöl mit 1 EL Zitronensaft, Salz, Pfeffer und 1 Prise Zucker verrühren. Alles vermischen und mit in die Lunchbox füllen oder separat im Schraubglas transportieren. Schmeckt auch mit Mairübchen sehr lecker!

Eiersandwiches

und Gurkensalat

Diesen leckeren Proviant habe ich auf Wanderungen in Japan kennen- und lieben gelernt. Die Eiersandwiches gibt es dort in jedem Supermarkt, genauso wie die würzigen marinierten Gürkchen – und selbst gemacht schmeckt beides um so besser!

CA. 25 MINUTEN

FÜR 2 PERSONEN

Sandwiches
4 Eier
2–3 EL Mayonnaise
2 TL Reisessig
Salz
frisch gemahlener schwarzer Pfeffer
½ Bund Schnittlauch
1 Handvoll Radieschensprossen (optional)
4 Scheiben Sandwichtoast
2 TL weiche Butter

Gurkensalat
4 Snackgurken (ca. 200 g)
1 rote Chilischote
1 Prise Rohrohrzucker
1 EL Reisessig
1 TL Sojasauce
1 TL geröstetes Sesamöl
2 EL helle Sesamsamen

Außerdem
1 eckige Lunchbox à ca. 1,2 l
1 Schraubglas à ca. 400 ml

ZUBEREITUNG

Für die Sandwiches die Eier in einem Topf mit kochendem Salzwasser etwa 10 Minuten hart kochen, dann kalt abspülen und pellen und in einer Schüssel mit einer Gabel fein zerdrücken. Mit der Mayonnaise und dem Reisessig vermischen und mit Salz und Pfeffer würzen. Den Schnittlauch waschen, in feine Röllchen schneiden und unterheben. Die Radieschensprossen ebenfalls unterheben, falls gewünscht. Die Toastscheiben entrinden und gleichmäßig mit der Butter bestreichen. Zwei der Toastscheiben gleichmäßig dick mit der Eiercreme bestreichen, mit den übrigen beiden Toastscheiben abdecken und auf Wunsch die Sandwiches diagonal halbieren. Für den Transport in die Lunchbox geben.

Für den Salat die Gurken waschen und in grobe Stücke schneiden. Die Chilischote waschen, halbieren und auf Wunsch entkernen, dann fein würfeln. Die Gurken mit der Chilischote, dem Zucker, dem Reisessig, der Sojasauce und dem Öl in einer Schale vermischen. Den Sesam in einer Pfanne ohne Fett rösten und zugeben. Den Salat für den Transport in das Glas füllen und zu den Sandwiches servieren.

Kartoffelsalat

mit grüner Sauce

Der würzige Kräutermix für grüne Sauce ist nicht nur rund um Frankfurt sehr beliebt, sondern mittlerweile fast deutschlandweit zur Frühlingszeit in Supermärkten zu finden. Statt den hessischen Klassiker zu Pellkartoffeln und Ei zu reichen, mache ich daraus ebenso gerne ein Salatdressing zum Kartoffelsalat. Auch in Linsen- oder Nudelsalat macht es sich gut!

CA. 40 MINUTEN + 30 MINUTEN WARTEZEIT

FÜR 2 PERSONEN

500 g festkochende Kartoffeln
Salz
2 Frühlingszwiebeln
2 Gewürzgurken
100 g TK-Erbsen
½ Bund Radieschen
½ Bund Kräuter für Frankfurter grüne Sauce (ca. 125 g)
60 g Mayonnaise (oder vegane Mayo)
100 g Naturjoghurt (oder pflanzliche Alternative)
1 TL Dijon-Senf
1 TL flüssiger Honig (oder Ahornsirup)
frisch gemahlener schwarzer Pfeffer
1–2 EL Rapsöl

Außerdem
1 runde oder eckige Lunchbox à ca. 1,2 l

ZUBEREITUNG

Die Kartoffeln waschen und mit Schale in wenig Salzwasser etwa 20–30 Minuten gar kochen. Abgießen, ausdampfen lassen und noch heiß pellen, dann je nach Größe halbieren und in etwa 1 cm dicke Stücke oder Scheiben schneiden. Inzwischen die Frühlingszwiebeln waschen und in feine Ringe schneiden. Die Gurken abtropfen lassen und etwa 1 cm groß würfeln. Die Erbsen in kochendem Salzwasser etwa 2 Minuten blanchieren und abtropfen lassen. Die Radieschen putzen, waschen, falls nötig halbieren, dann in feine Scheiben schneiden. Alles in einer Salatschüssel mischen.

Für das Dressing die Kräuter waschen, die Blätter samt feinen Stielen grob hacken. In einer Rührschüssel mit der Mayonnaise, dem Joghurt, dem Senf und dem Honig fein pürieren. Mit Salz und Pfeffer würzen und das Rapsöl untermischen. Den Salat mit dem Dressing vermischen, mit Salz und Pfeffer abschmecken und mindestens 30 Minuten durchziehen lassen. Für den Transport in die Lunchbox füllen.

Sesamringe

mit Karottenbutter

Die köstlichen Sesamringe heißen in der Türkei Simit und in Griechenland Koulouri. Sie sind ideal für ein ausgiebiges Wanderfrühstück oder für einen Brunch to go, und schmecken nicht nur mit der Karottenbutter, sondern mit jedem Lieblingsbrotaufstrich.

CA. 45 MINUTEN + 1 STUNDE 30 MINUTEN WARTEZEIT

ERGIBT 4 SESAMRINGE

Sesamringe
200 g Dinkelmehl Type 630
¼ Würfel Hefe (ca. 10 g)
1 Prise Rohrohrzucker
1 ½ EL Bratöl
Salz
2 EL Pekmez (Traubensirup; erhältlich im türkischen Supermarkt)
50 g helle Sesamsamen

Karottenbutter
75 g weiche Butter (oder vegane Margarine)
1 Karotte (ca. 75 g)
1 Bund Kerbel (optional)
frisch gemahlener weißer Pfeffer

Zum Servieren
1 Schale Kresse (optional)

Außerdem
1 Schraubglas
1 Papiertüte

ZUBEREITUNG

Für die Sesamringe das Mehl in eine Rührschüssel geben und eine Mulde hineindrücken. Die Hefe in die Mulde krümeln, mit dem Zucker bestreuen und mit 100 ml lauwarmem Wasser übergießen. Abgedeckt etwa 15 Minuten ruhen lassen. Anschließend das Öl und ½ TL Salz zum Teig geben und alles mit den Knethaken des Handrührers oder von Hand mindestens 5 Minuten kräftig kneten, bis ein glatter Teig entstanden ist. Abgedeckt an einem warmen Ort mindestens 45 Minuten, bzw. bis sich das Volumen deutlich vergrößert hat, gehen lassen.

Inzwischen für die Karottenbutter die Butter in eine Schale geben. Die Karotte schälen, fein reiben und zugeben. Auf Wunsch den Kerbel waschen, fein hacken und ebenfalls zugeben. Alles gut verrühren und mit Salz und Pfeffer abschmecken. Für den Transport in ein Schraubglas füllen und kühl stellen.

Weiter geht es mit den Sesamringen: Den Teig in acht gleich große Stücke teilen. Jedes Stück zu einer etwa 25–30 cm langen Rolle formen, dann je zwei Rollen miteinander verdrehen und zu einem Ring formen. Den Pekmez in einer flachen großen Schale oder in einem Teller mit 1 EL Wasser verrühren. Den Sesam in eine weitere Schale geben. Jeden Sesamring mit einer Seite zunächst in den Pekmez tauchen und anschließend in den Sesam drücken. Die Ringe mit der Sesamseite nach oben auf einem mit Backpapier ausgelegten Blech verteilen und abgedeckt weitere 15 Minuten ruhen lassen. Den Backofen auf 200 °C vorheizen und die Ringe etwa 15–20 Minuten backen, bis sie goldbraun sind. Nach dem Abkühlen für den Transport in eine Papiertüte stecken. Mit der Karottenbutter servieren und auf Wunsch mit Kresse garnieren.

Hummus

mit Wildkräuterpesto und Gemüsesticks

Auf Frühlingswanderungen entdeckt man die meisten aromatischen Wildkräuter am Wegesrand. Zu meinen Favoriten zählen Gundermann, junge Buchen- und Brennnesselblätter sowie Knoblauchsrauke. Wem die Wald- und Wiesenkräuter zu herb schmecken, kann die Hälfte der Menge durch Petersilie ersetzen.

CA. 20 MINUTEN

FÜR 2 PERSONEN

Hummus
- 1 Glas Kichererbsen (240 g Abtropfgewicht)
- 1 Knoblauchzehe
- 2 EL Olivenöl
- 2 EL Zitronensaft
- 1 EL Tahin (Sesammus)
- Salz
- 1 Prise Chilipulver
- 1–2 Prisen gemahlener Kreuzkümmel

Pesto
- 50 g Wildkräuter (siehe oben)
- 50 ml Olivenöl plus Öl zum Beträufeln
- 50 g Pinienkerne
- 1 Knoblauchzehe
- 25 g Montello (oder Parmesan)

Zum Servieren
- Schwarzkümmelsamen zum Bestreuen (optional)
- Gemüsesticks (z. B. Kohlrabi, Mairübchen, Salatgurke und Karotten)
- 1 Baguette (optional)

Außerdem
- 1 runde Lunchbox oder ein Schraubglas
- 1 Lunchbox für die Gemüsesticks

ZUBEREITUNG

Für den Hummus die Kichererbsen abgießen und in eine Rührschüssel geben. Den Knoblauch abziehen, grob hacken und zugeben. Mit dem Öl, dem Zitronensaft, dem Tahin und etwa 3–5 EL kaltem Wasser cremig pürieren. Mit Salz, Chili und Kreuzkümmel würzen.

Für das Pesto die Wildkräuter waschen. Die Blättchen samt den feinen Stielen grob hacken, dann in eine Rührschüssel geben. Das Öl und die Pinienkerne zufügen. Den Knoblauch abziehen, grob hacken und zugeben. Alles mit etwa 1–2 EL kaltem Wasser cremig pürieren. Den Käse fein reiben und untermischen.

Den Hummus in eine Lunchbox oder ein großes Schraubglas füllen, das Pesto darüber verteilen. Auf Wunsch mit Olivenöl beträufeln und mit Schwarzkümmelsamen bestreuen. Die Gemüsesticks für den Transport in eine separate Lunchbox füllen. Wer mag, packt dazu noch ein Baguette in den Wanderrucksack.

TIPP

Das Pesto schmeckt auch lecker ohne den Käse, dann einfach 25 g mehr Pinienkerne nehmen.

Erbsen-Karotten-Quiche

mit Dill und Minze

Quiches schmecken mir kalt meistens noch besser als warm und eignen sich daher besonders gut für Wanderungen. Wer mag, garniert die Quiche zusätzlich mit etwas Wildkräuterpesto (Rezept Seite 36). Übrigens passen auch grüne Spargelstangen statt der Möhren gut dazu.

CA. 45 MINUTEN + 40 MINUTEN BACKZEIT

FÜR 1 SPRINGFORM À 26 CM Ø, ERGIBT CA. 8 STÜCKE

Teig
100 g Dinkelmehl Type 630
100 g Dinkelvollkornmehl
Salz
100 g kalte Butter plus Butter für die Form
1 Eigelb

Belag
250 g Ricotta (oder Speisequark)
2 Eier
200 g TK-Erbsen
Chiliflocken
1 Bund Dill
4 Stängel Minze
2 Frühlingszwiebeln
50 g Montello (oder Parmesan)
1 unbehandelte Zitrone
200 g junge Karotten
1 EL Bratöl

Außerdem
1 Springform à 26 cm Ø
1–2 eckige Lunchboxen à ca. 1,2 l

ZUBEREITUNG

Für den Teig beide Mehlsorten in einer Rührschüssel mit 1 TL Salz mischen. Die Butter grob würfeln, mit dem Eigelb zugeben und den Teig mit 2 EL kaltem Wasser zügig von Hand zu einem glatten Teig verkneten. Die Springform fetten und den Teig gleichmäßig hineindrücken, dabei einen etwa 3 cm hohen Rand formen. Den Teigboden mehrmals mit einer Gabel einstechen und mindestens 30 Minuten kühl stellen.

Inzwischen für den Belag den Ricotta mit den Eiern in einer Rührschüssel glatt rühren. Die Erbsen untermischen und alles mit Salz und Chiliflocken würzen. Den Dill und die Minze waschen, die Blättchen und Spitzen fein hacken. ⅔ der Kräuter unter die Ricottamasse rühren. Die Frühlingszwiebeln waschen, in feine Ringe schneiden und ebenfalls zugeben. Den Käse fein reiben und die Hälfte untermischen. Die Zitrone heiß abwaschen, 1 TL Schale fein abreiben und zugeben.

Den Backofen auf 200 °C vorheizen. Die Ricottamischung gleichmäßig auf dem Teigboden verteilen und mit dem restlichen Käse bestreuen. Die Karotten schälen, längs halbieren und mit Öl, Salz und Chiliflocken auf einem Teller kurz durchmischen. Sternförmig auf der Ricottaschicht verteilen und die Quiche etwa 40 Minuten goldbraun backen. Abkühlen lassen, in Stücke schneiden und für den Transport mit Butterbrotpapier abgetrennt in die Lunchbox packen.

Grüne Minestrone

In der reichhaltigen italienischen Gemüsesuppe schwimmen Zuckerschoten, Erbsen, Lauch und Sellerie. Gekrönt wird der leckere Eintopf von einem klassischen grünen Pesto. Im Thermo-Essensbehälter mitgenommen ein köstliches warmes Mahl an den noch kühleren Frühlingstagen.

CA. 30 MINUTEN

FÜR 2 PERSONEN

Minestrone
1 Stange Staudensellerie
1 Stange Lauch
2 Knoblauchzehen
100 g Zuckerschoten
1 EL Oliven-Bratöl
100 g TK-Erbsen
500 ml Gemüsebrühe
½ Glas Cannellini-Bohnen (ca. 115 g Abtropfgewicht)
1 Lorbeerblatt
Salz
frisch gemahlener schwarzer Pfeffer
½ TL getrocknete italienische Kräuter
1–2 EL Zitronensaft

Pesto
1 Bund Basilikum
25 ml Olivenöl
30 g Pinienkerne
1 Knoblauchzehe
20 g Montello (oder Parmesan, optional)

Außerdem
1 Thermo-Essensbehälter à ca. 700 ml
1 Schraubglas für das Pesto

ZUBEREITUNG

Für den Eintopf die Selleriestange waschen, falls nötig längs halbieren, dann in etwa 0,5 cm dicke Stücke schneiden. Den Lauch putzen, längs halbieren, unter fließendem Wasser waschen und ebenfalls in etwa 0,5 cm dicke Stücke schneiden. Den Knoblauch abziehen und fein würfeln. Die Zuckerschoten waschen und leicht schräg in etwa 3–4 cm breite Stücke schneiden.

Das Öl in einem mittelgroßen Topf erhitzen. Sellerie und Lauch darin etwa 5 Minuten bei mittlerer bis hoher Temperatur anbraten. Den Knoblauch und die Zuckerschoten zugeben und 1 Minute mitbraten. Die Erbsen, die Brühe, die Bohnen und das Lorbeerblatt zugeben und alles weitere 5 Minuten bei niedriger Temperatur köcheln lassen. Anschließend mit Salz, Pfeffer, den italienischen Kräutern und dem Zitronensaft abschmecken. Für den Transport noch heiß in den Thermo-Essensbehälter füllen.

Für das Pesto das Basilikum waschen, die Blätter grob hacken und mit dem Öl und den Pinienkernen in einen Mixbehälter geben. Den Knoblauch abziehen, grob würfeln und zugeben. Alles mit dem Stabmixer fein pürieren und mit Salz und Pfeffer abschmecken. Auf Wunsch den Käse fein reiben und unterrühren. Das Pesto für den Transport in ein Schraubglas füllen. Die Minestrone mit dem Pesto als Topping servieren.

TIPP

Das Gemüse für den Eintopf nur so kurz wie möglich garen, denn im gut isolierten Thermo-Behälter gart es während des Transports noch etwas nach.

Eton Mess

Erdbeer-Baiser-Dessert

Eton Mess ist eines der beliebtesten britischen Desserts. Kaum jemand kann ihm widerstehen, da sich hier die Fruchtigkeit der Erdbeeren mit Schlagsahne und knusprigen Baisers verbindet. Und wenn es mal etwas leichter sein soll: Die Sahne einfach durch Quark ersetzen.

CA. 30 MINUTEN + 1 STUNDE 30 MINUTEN BACKZEIT

FÜR 2 PERSONEN

2 Eiweiß
1 Prise Salz
100 g + 1 TL Puderzucker
300 g Erdbeeren
1 EL Rohrohrzucker
1 EL Zitronensaft
100 g Schlagsahne

Außerdem
1 verschließbarer Behälter
2 Schraubgläser à ca. 400 ml

ZUBEREITUNG

Den Backofen auf 110 °C vorheizen. Ein Backblech mit Backpapier auslegen. Das Eiweiß in einer Rührschüssel mit dem Salz steif schlagen. Den Puderzucker durchsieben und nach und nach unterrühren. Weiterschlagen, bis die Baisermasse glänzende Spitzen zieht. Die Masse in einen Spritzbeutel mit Sterntülle füllen und auf das vorbereitete Blech etwa 5 cm große, möglichst gleich hohe Tupfen spritzen (oder mit einem Löffel auf das Backblech setzen). Etwa 1 Stunde 30 Minuten backen, bis die Baisers trocken sind und sich leicht vom Backpapier lösen lassen. Wenn sie nicht sofort gebraucht werden, nach dem Auskühlen in einen luftdicht, verschließbaren Behälter füllen, damit sie knusprig bleiben.

Die Erdbeeren putzen, vorsichtig waschen und in etwa 1 cm große Stücke schneiden. In einer Schüssel mit dem Zucker und dem Zitronensaft mischen. Mindestens 30 Minuten ziehen lassen bzw. bis zur Verwendung kühl stellen. Die Sahne mit dem übrigen Puderzucker steif schlagen und bis zur Verwendung kühl stellen.

Kurz vor der Wanderung die Komponenten in die Gläser schichten, dabei zunächst die Hälfte der Erdbeeren auf beide Gläser verteilen, darauf die Hälfte der Sahne geben und die Hälfte der Baisers darüber zerbröseln. Den Vorgang wiederholen. Wer eine längere Wanderung vor sich hat, packt die Baisers am besten in ein separates Schraubglas und bröselt sie erst vor dem Servieren über das Dessert, da sie nach einiger Zeit aufweichen.

TIPP

Das Dessert schmeckt gekühlt am besten. Deshalb die Schraubgläser, wenn möglich, am besten in eine kleine Kühltasche mit Kühlakkus packen – vor allem an warmen Tagen. Noch frühlingshafter schmeckt es, wenn ihr den Zucker durch Holunderblütensirup ersetzt und das Dessert mit ein paar frischen Holunderblüten und Walderdbeeren garniert.

Rhabarberkuchen

mit Tonkapudding

Ein einfacher, supersaftiger Rührkuchen mit aromatischem Pudding und feinsäuerlichem Rhabarber. Statt der Tonkabohne passt auch Vanille wunderbar.

CA. 40 MINUTEN + 45 MINUTEN BACKZEIT

ERGIBT 1 BLECH, CA. 12–16 STÜCKE

Teig

125 g Butter plus Butter für das Blech
125 g Rohrohrzucker
3 Eier
150 g Schmand
250 g Weizenmehl Type 550
1 Päckchen Backpulver
1 Prise Salz

Belag

650 ml Milch
50 g Speisestärke
90 g Rohrohrzucker
½ Tonkabohne
1 unbehandelte Zitrone
150 g Schmand
800 g Rhabarber

Außerdem

1 eckige Lunchbox à ca. 1,2 l

ZUBEREITUNG

Für den Teig die Butter mit dem Zucker in einer Rührschüssel mit den Quirlen des Handrührers leicht schaumig und hellgelb aufschlagen. Die Eier nach und nach zugeben, dann den Schmand unterrühren. Das Mehl mit dem Backpulver und dem Salz mischen und kurz unterrühren. Ein Backblech mit Butter einfetten und den Teig gleichmäßig darauf verteilen.

Für den Belag 150 ml Milch mit der Stärke in einer kleinen Schale glatt rühren. Die restlichen 500 ml Milch in einem mittelgroßen Topf mit dem Zucker aufkochen. Die Tonkabohne mit einer Muskatreibe hineinreiben. Die Stärkemischung unter Rühren zugeben und 1 Minute sprudelnd mitkochen. Den Pudding vom Herd nehmen und unter gelegentlichem Rühren etwas abkühlen lassen. Die Zitrone heiß abwaschen, 1 TL Schale fein abreiben und mit dem Schmand unterrühren.

Den Backofen auf 175 °C vorheizen. Den Rhabarber waschen, putzen und in etwa 1 cm große Stücke schneiden. Den Pudding auf dem Teig verteilen, die Rhabarberstücke gleichmäßig daraufgeben und leicht hineindrücken. Den Kuchen etwa 45 Minuten backen, bis die Teigränder gut gebräunt sind. Abkühlen lassen und in Stücke schneiden, die gut in die Lunchbox passen. Für zwei Personen vier große Stücke mit Butterbrotpapier dazwischen in die Lunchbox packen.

Rüblikuchen

mit Waldmeistercreme

Nicht nur zu Ostern – ich liebe Karottenkuchen zu jeder Jahreszeit und in allen Variationen, am liebsten aber mit einer leckeren Frischkäsecreme. Sie schmeckt im Frühling mit Waldmeister aromatisiert besonders gut.

CA. 25 MINUTEN + MINDESTENS 2 STUNDEN WARTEZEIT

ERGIBT 1 KASTENKUCHEN, CA. 8–12 STÜCKE

Creme
1 Handvoll Waldmeister
50 ml Milch
200 g Frischkäse
50 g weiche Butter
50 g Puderzucker
1 unbehandelte Zitrone

Kuchen
2 Eier
125 ml Bratöl
150 g Rohrohrzucker
2 Karotten (ca. 200 g)
100 g gemahlene Mandeln
200 g Weizenmehl Type 550
1 Prise Salz
1 TL Backpulver
2 TL Spekulatiusgewürz
Butter für die Form

Außerdem
1 Kastenform à ca. 25 × 11 cm
1 Schraubglas für die Creme
1 kleine Kühltasche (optional)
1 Papiertüte

ZUBEREITUNG

Für die Creme den Waldmeister waschen, etwa 1 Stunde anwelken lassen, dann mit der Milch in eine kleine Schüssel geben. Mindestens 1 Stunde (oder am besten über Nacht) im Kühlschrank durchziehen lassen. Anschließend die aromatisierte Milch durch ein Sieb gießen und mit dem Frischkäse, der Butter und dem Puderzucker glatt rühren. Die Zitrone heiß abwaschen, etwa 1 TL Schale fein abreiben und ebenfalls unterrühren. Die Creme für den Transport in ein Schraubglas füllen und an heißen Tagen am besten in eine kleine Kühltasche packen.

Den Backofen auf 180 °C vorheizen. Die Eier mit dem Öl und dem Zucker in einer Rührschüssel mit den Quirlen des Handrührers cremig rühren. Die Karotten schälen, fein raspeln und unterrühren. Die Mandeln mit dem Mehl, dem Salz, dem Backpulver und dem Spekulatiusgewürz vermischen und kurz unter die Eier-Karotten-Mischung rühren. Die Kastenform mit Butter einfetten und die Teigmischung gleichmäßig hineinfüllen. Etwa 1 Stunde backen, dann den Kuchen abkühlen lassen.

Den Kuchen in Scheiben schneiden und in einer Papiertüte transportieren. Die Kuchenstücke mit der Creme bestrichen servieren.

Mohnknoten

Mohngebäck wie Streuselkuchen oder Strudel bereite ich am liebsten rund um Ostern zu – auch diese fluffigen Mohnkoten, die sich besonders gut für den Transport im Wanderrucksack eignen.

CA. 35 MINUTEN + 1 STUNDE 30 MINUTEN WARTEZEIT

ERGIBT 6 MOHNKNOTEN

Teig
250 g Weizenmehl Type 550 plus Mehl für die Arbeitsfläche
¼ Würfel Hefe (ca. 10 g)
40 g Rohrohrzucker
125 ml Mandeldrink
1 EL weiche vegane Margarine
1 Prise Salz

Füllung
100 ml Mandeldrink
1 EL vegane Margarine
2 Prisen Bourbon-Vanillepulver
40 g Rohrohrzucker
1 unbehandelte Zitrone
100 g gemahlener Mohn

Zum Bestreichen
2 EL Ahornsirup (optional)

Außerdem
1 Papiertüte

ZUBEREITUNG

Für den Teig das Mehl in eine Rührschüssel geben und in die Mitte eine Mulde drücken. Die Hefe hineinkrümeln und mit dem Zucker bestreuen. Den Mandeldrink in einem kleinen Topf lauwarm erwärmen und über die Hefe gießen. Abgedeckt 15 Minuten ruhen lassen. Die Margarine und das Salz zugeben und den Teig mit den Knethaken des Handrührers oder von Hand mindestens 5 Minuten kräftig zu einem glatten Teig verkneten. Abgedeckt weitere 45 Minuten an einem warmen Ort, bzw. bis sich das Teigvolumen deutlich vergrößert hat, gehen lassen.

Für die Füllung den Mandeldrink mit der Margarine, der Vanille und dem Zucker in einem kleinen Topf aufkochen. Die Zitrone heiß abwaschen, ½ TL Schale fein abreiben und mit dem Mohn unterrühren. Die Masse etwa 2 Minuten unter Rühren kochen, dann abkühlen lassen.

Ein Backblech mit Backpapier auslegen. Den Teig auf der leicht bemehlten Arbeitsfläche zu einem Rechteck von etwa 28 × 44 cm ausrollen. Eine Hälfte entlang der schmalen Seite gleichmäßig mit der Mohnmischung bestreichen, die andere Teighälfte darüberlegen und leicht andrücken. Den Teig längs in sechs gleich große Streifen schneiden, jeweils ineinander verdrehen und zu einem Knoten schlingen. Die Enden zusammendrücken und jeweils in der Mitte des Gebäckstücks festdrücken. Die Mohnknoten auf dem vorbereiteten Blech verteilen, mit einem Küchentuch abdecken und weitere 15 Minuten gehen lassen. Den Backofen auf 200 °C vorheizen. Die Mohnknoten 15–20 Minuten backen und auf Wunsch noch warm mit Ahornsirup bestreichen. Nach dem Abkühlen für den Transport in eine Papiertüte packen.

Sommer

Kichererbsen-Melonen-Salat

mit Feta und Minze

Diesen erfrischenden Lieblingssalat mit Wassermelone und Kichererbsen gibt es bei mir im Sommer mindestens einmal die Woche. Fix gemacht und schnell verpackt ist er zudem ideal für unterwegs.

CA. 25 MINUTEN

FÜR 2 PERSONEN

Salat
1 Glas Kichererbsen (ca. 240 g Abtropfgewicht)
½ TL Schwarzkümmelsamen
Salz
1–2 Prisen Chiliflocken
1 TL Oliven-Bratöl
½ Wassermelone (ca. 500 g)
½ Salatgurke
3–4 Stängel Minze
½ Bund glatte Petersilie
150 g Feta (oder Feto)
2 EL Olivenöl
2 EL Zitronensaft

Außerdem
1 Lunchbox à ca. 1,2 l

ZUBEREITUNG

Den Backofen auf 220 °C vorheizen. Ein Blech mit Backpapier auslegen. Die Kichererbsen in einem Sieb abspülen und abtropfen lassen. Dann auf das vorbereitete Blech geben, mit den Schwarzkümmelsamen, 1–2 Prisen Salz, den Chiliflocken und dem Bratöl mischen und im Ofen 15 Minuten rösten.

Inzwischen die Melone vierteln, in etwa 1,5–2 cm dicke Spalten schneiden, schälen und die Spalten in etwa 2 cm große Stücke schneiden. Die Gurke waschen und ebenfalls in etwa 1,5–2 cm große Stücke schneiden. Beides in einer Rührschüssel miteinander vermischen. Die Minze und die Petersilie waschen, die Blätter grob hacken und zugeben. Den Feta etwa 2 cm groß würfeln und zusammen mit den gerösteten Kichererbsen untermischen. Den Salat mit dem Olivenöl und dem Zitronensaft vermischen, mit Salz und Chiliflocken abschmecken und für den Transport in die Lunchbox füllen.

Sommerröllchen

mit Cashewdip

Der vietnamesische Vorspeisenliebling ist auch ein toller Lunch to go – hier in einer Variante mit würzig angebratenen Sojaschnetzeln. Stattdessen passt aber auch marinierter Tofu oder Tempeh sehr gut.

CA. 45 MINUTEN

ERGIBT 8 RÖLLCHEN

Röllchen
50 g feine Sojaschnetzel
2 EL Sojasauce
1 EL Bratöl
1 gelbe Paprikaschote
⅓ Salatgurke
1 Handvoll Eisbergsalatblätter
1 Handvoll Minze und Koriander
8 Reispapierblätter (22 cm ∅)

Dip
2 gehäufte EL Cashewmus
1 EL Sojasauce
1 EL Limettensaft
1 Knoblauchzehe
1 walnussgroßes Stück Ingwerknolle
1 TL Bratöl
½ –1 TL Honig (oder Ahornsirup)

Außerdem
1 eckige Lunchbox à ca. 1,2 l
1 Schraubglas à ca. 200 ml

ZUBEREITUNG

Für die Röllchen die Sojaschnetzel mit der Sojasauce in eine Schüssel geben, mit 180 ml kochendem Wasser übergießen und 15 Minuten quellen lassen. Anschließend zum Abtropfen in ein Sieb geben, dabei die Flüssigkeit auffangen. Das Öl in einer mittelgroßen Pfanne erhitzen und die Sojaschnetzel darin etwa 5 Minuten bei hoher Temperatur anbraten. Das Einweichwasser angießen und unter Rühren einkochen lassen. Die Sojaschnetzel zum Abkühlen beiseitestellen.

Die Paprika waschen, halbieren, entkernen, dann die Hälften in feine Streifen schneiden. Die Gurke waschen und längs in feine Streifen schneiden. Den Salat und die Kräuter waschen, falls nötig in Stücke zupfen. Die Reispapierblätter nacheinander kurz in eine flache Schale mit kaltem Wasser tauchen; je zwei bis drei Blätter mit der glatten Seite nach unten nebeneinander auf die Arbeitsfläche legen. Mittig im unteren Drittel mit Salat, Kräutern, Paprika, Gurke und Sojaschnetzeln belegen. Zunächst das untere Reispapierstück über die Füllung klappen, anschließend die Seiten umschlagen und die Blätter von unten nach oben mit leichtem Druck aufrollen. Die Röllchen bis zum Transport in der Lunchbox kühl stellen.

Für den Dip das Nussmus mit der Sojasauce, dem Limettensaft und 5–7 EL kaltem Wasser glatt rühren, bis die gewünschte Konsistenz erreicht ist. Den Knoblauch abziehen und fein würfeln. Den Ingwer schälen und fein würfeln. Das Öl in einer kleinen Pfanne erhitzen, Knoblauch und Ingwer darin etwa 3 Minuten anbraten, dann unter den Dip rühren. Den Dip mit Honig abschmecken und für den Transport in ein Schraubglas füllen. Die Sommerröllchen falls nötig vor dem Verzehr mit etwas Wasser anfeuchten, damit sie weicher werden. Mit dem Dip servieren.

Cantaloupe-Melonen-Gazpacho

Besonders an heißen Sommertagen sind kalte Suppen unschlagbar. Diese fruchtig-scharfe Gazpacho mit dem Feta-Topping darf da nicht fehlen – am besten mit einem frischen Baguette oder Ciabatta servieren.

CA. 25 MINUTEN

FÜR 2 PERSONEN

Suppe
½ Cantaloupe-Melone (ca. 500 g)
2 Tomaten (ca. 200 g)
½ rote Paprikaschote
½ rote Chilischote
½ Stange Staudensellerie
1 Frühlingszwiebel
1 EL Tomatenmark
1 EL Weißweinessig
Salz
1 Spritzer Chilisauce (optional)
1 Eiswürfel

Topping
1 Tomate (ca. 100 g)
1 Frühlingszwiebel
75 g Feta (oder Feto)

Zum Servieren
Chiliöl zum Beträufeln (optional)

Außerdem
1 Thermo-Essensbehälter à ca. 700 ml
1 Schraubglas à ca. 200 ml
1–2 Schalen oder Becher für die Suppe (optional)

ZUBEREITUNG

Für die Suppe die Melone vierteln, entkernen, schälen und ¾ des Fruchtfleischs in etwa 3 cm große Stücke schneiden. Das übrige Fruchtfleisch für das Topping zur Seite legen. Die Tomaten waschen, in etwa 3 cm große Stücke schneiden und mit der Melone in einen Mixbehälter geben. Die Paprika und die Chilischote waschen, grob würfeln und zugeben. Den Sellerie und die Frühlingszwiebel waschen und in 1 cm breite Stücke bzw. Röllchen schneiden und zugeben. Das Tomatenmark und den Essig zufügen und das Ganze mit dem Stabmixer fein pürieren. Die Suppe mit Salz und Chilisauce abschmecken. Den Eiswürfel unterrühren und die Gazpacho in den Thermo-Essensbehälter füllen.

Für das Topping die Tomate waschen und 1 cm groß würfeln. Die Frühlingszwiebel waschen und in feine Röllchen schneiden. Den Feta abtropfen lassen und mit einer Gabel mittelfein zerkrümeln. Das zurückgelegte Stück Melone 1 cm groß würfeln und mit den übrigen Zutaten in einer Schale vermischen. Das Topping in ein Schraubglas füllen und bis zum Transport kühl stellen. Die Suppe während der Wanderrast auf Wunsch auf zwei Schalen verteilen, mit dem Topping garnieren und mit Chiliöl beträufeln.

Linsen-Bulgur-Köfte

mit Tsatsiki

Die köstlichen Linsen-Bulgur-Köfte habe ich zum ersten Mal auf einer Reise nach Istanbul gegessen. Seitdem kommen die Mercimek Köftesi bei mir regelmäßig auf den Tisch, egal ob als Teil einer Mezze-Platte, zum Lunch oder als Wanderproviant.

CA. 40 MINUTEN + 45 MINUTEN WARTEZEIT

ERGIBT CA. 20 KÖFTE

Köfte
200 g rote Linsen
100 g feiner Bulgur (Köftelik Bulgur)
1 Zwiebel
1 EL Oliven-Bratöl
1 Bund glatte Petersilie
2 EL scharfes Paprikamark (z. B. Aci Biber Salsaci)
1 EL Tomatenmark
2 EL Olivenöl
1 EL Granatapfelsirup (oder Ahornsirup)
2–3 EL Zitronensaft
1 TL gemahlener Kreuzkümmel
Salz

Tsatsiki
200 g Sahnejoghurt (oder pflanzliche Alternative)
1 EL Olivenöl
½ Salatgurke
1 Knoblauchzehe
1 Bund Dill
frisch gemahlener schwarzer Pfeffer

Zum Servieren
1 Handvoll Salatblätter
1 Zitrone

Außerdem
1 Schraubglas
1 Lunchbox à ca. 1,2 l

ZUBEREITUNG

Für die Köfte die Linsen mit 500 ml Wasser abgedeckt etwa 15 Minuten köcheln lassen, dann den Bulgur unterrühren und auf der ausgeschalteten Herdplatte abgedeckt weitere 15 Minuten quellen lassen. Anschließend lauwarm abkühlen lassen.

Inzwischen die Zwiebel abziehen und fein würfeln. Das Bratöl in einer kleinen Pfanne erhitzen und die Zwiebeln darin etwa 5 Minuten bei mittlerer Temperatur anschwitzen. Die Petersilie waschen, die Blättchen fein hacken. Zwiebeln und Petersilie unter die Linsenmischung rühren. Das Paprika- und das Tomatenmark, das Olivenöl, den Granatapfelsirup und den Zitronensaft ebenfalls unterrühren und die Mischung mit Kreuzkümmel und Salz abschmecken. Die Masse abgedeckt etwa 30 Minuten kühl stellen.

Inzwischen für das Tsatsiki den Joghurt mit dem Öl in einer Schale verrühren. Die Gurke waschen, längs halbieren und mit einem Teelöffel entkernen. Die Gurke in eine weitere Schale grob reiben. Die Gurkenraspel mit ½ TL Salz vermischen, 10 Minuten stehen lassen und anschließend in einem Sieb gut ausdrücken. Die Gurkenraspel unter den Joghurt mischen. Den Knoblauch abziehen und dazupressen. Den Dill waschen, die Spitzen fein hacken und unterrühren. Das Tsatsiki mit Salz und Pfeffer abschmecken, in ein Schraubglas füllen und bis zum Transport kühl stellen.

Weiter geht es mit den Köfte: Aus der Linsenmasse mit leicht angefeuchteten Händen etwa 20 längliche Köfte formen. Die Lunchbox mit Salatblättern auskleiden und die Köfte darauflegen. Die Zitrone in Spalten schneiden und dazugeben. Die Köfte mit dem Tsatsiki servieren und mit Zitronensaft beträufeln.

Kalte Gurkensuppe

mit Croûtons

Diese Version der beliebten bulgarischen Gurkensuppe Tarator bekommt durch den geriebenen Apfel eine zusätzliche fruchtige Note und wird mit knusprigen Croûtons garniert. Im Thermo-Essensbehälter mitgenommen, bietet sie auch an den heißesten Sommertagen eine tolle Erfrischung.

CA. 25 MINUTEN + 30 MINUTEN WARTEZEIT

FÜR 2 PERSONEN

½ Salatgurke
½ Apfel
50 g Walnusskerne
250 g Sahnejoghurt (oder Kokosjoghurt)
2 EL Olivenöl
1 Bund Dill
2 Stängel Minze
1 Knoblauchzehe
Salz
frisch gemahlener schwarzer Pfeffer
1 Prise Rohrohrzucker
einige Stängel Dill und Minze zum Garnieren (optional)

Croûtons
2–3 Scheiben Vollkornbrot
2–3 EL Butter (oder vegane Margarine)

Außerdem
1 Thermo-Essensbehälter à ca. 700 ml
1 Schraubglas

ZUBEREITUNG

Die Gurke waschen, längs halbieren, mit einem Teelöffel entkernen, dann grob reiben. Den Apfel vierteln, schälen, entkernen und ebenfalls grob reiben. Die Walnüsse in einer Pfanne ohne Fett rösten, bis sie duften, dann fein hacken.

Den Joghurt mit dem Öl und 80 ml kaltem Wasser in einer Rührschüssel vermischen. Den Dill und die Minze waschen, die Spitzen und Blätter fein hacken und unterrühren. Den Knoblauch abziehen und dazupressen. Die Gurken- und Apfelraspel sowie die gehackten Nüsse untermischen und die Suppe mit Salz, Pfeffer und Zucker abschmecken. Mindestens 30 Minuten kühl stellen und für den Transport in den Thermo-Essensbehälter umfüllen.

Inzwischen für die Croûtons das Brot etwa 1 cm groß würfeln. Die Butter in einer mittelgroßen Pfanne zerlassen und die Brotwürfel darin unter gelegentlichem Rühren rundherum kross anbraten. Abkühlen lassen und für den Transport in ein Schraubglas füllen. Wer mag, schlägt ein paar Stängel Dill und Minze für die Garnitur in ein feuchtes Küchentuch ein und verstaut sie ebenfalls im Rucksack. Die Suppe mit den Croûtons servieren und auf Wunsch mit den Kräutern garnieren.

Knäckebrot

mit Paprika- und Artischockenaufstrich

Hier treffen knusprige Knäckebrot-Räder wie in Schweden auf mediterrane Aufstriche mit Paprika und Artischockenherzen. Das Ergebnis ist eine aromatische Knuspermahlzeit zum Mitnehmen, die Lust auf Sommerurlaub macht.

CA. 1 STUNDE 15 MINUTEN + 1 STUNDE WARTEZEIT

ERGIBT 8 KNÄCKEBROTE FÜR 2 PERSONEN

Knäckebrot
100 g Roggenvollkornmehl
200 g Weizenmehl Type 550 plus Mehl für die Arbeitsfläche
Salz
¼ Würfel Hefe (ca. 10 g)
1 EL flüssiger Honig (oder Ahornsirup)
130 ml Milch (oder pflanzliche Alternative)
Sesam-, Kümmel- und Fenchelsamen

Paprikaufstrich
2 rote Paprikaschoten (ca. 350 g)
60 g Walnusskerne
1 EL Semmelbrösel
1 EL Granatapfelsirup (oder Honig)
1 TL scharfe Paprikapaste (oder Tomatenmark)
2 EL Olivenöl
frisch gemahlener schwarzer Pfeffer
1–2 EL Zitronensaft

Artischockenaufstrich
½ Glas weiße Bohnen (ca. 120 g Abtropfgewicht)
½ Glas Artischockenherzen (ca. 60 g Abtropfgewicht)
1 Knoblauchzehe
4 Zweige Thymian
1 EL Mandelmus
2 EL Olivenöl
1 EL Zitronensaft

ZUBEREITUNG

Für das Knäckebrot beide Mehlsorten mit 1 TL Salz in einer Rührschüssel mischen. Eine Mulde in die Mitte drücken und die Hefe hineinkrümeln. Den Honig darüberträufeln. Die Milch lauwarm erwärmen und über die Hefe gießen. Abgedeckt etwa 15 Minuten ruhen lassen. Anschließend alles miteinander vermischen und von Hand etwa 5 Minuten zu einem glatten, festen Teig kneten. Ist der Teig zu trocken, löffelweise lauwarmes Wasser unterkneten. Den Teig abgedeckt an einem warmen Ort etwa 1 Stunde gehen lassen.

Inzwischen für den Paprikaaufstrich den Backofen auf 200 °C vorheizen; ein Blech mit Backpapier auslegen. Die Paprika vierteln und entkernen. Die Viertel auf dem vorbereiteten Blech verteilen und im Ofen etwa 30 Minuten rösten. Die Nüsse in einer Pfanne ohne Fett anrösten, dann mit der Paprika, den Semmelbröseln, dem Granatapfelsirup und der Paprikapaste pürieren. Das Öl unterrühren und den Aufstrich mit Salz, Pfeffer und Zitronensaft abschmecken.

Für den Artischockenaufstrich die Bohnen und die Artischocken in einem Sieb kalt abspülen. Die Knoblauchzehe abziehen und grob würfeln. Die Thymianblättchen abzupfen. Alles mit dem Mandelmus mittelfein pürieren. Das Öl und den Zitronensaft unterrühren und den Aufstrich mit Salz und Pfeffer abschmecken.

Weiter geht es mit dem Knäckebrot: Den Backofen auf 220 °C vorheizen und zwei Backbleche mit Backpapier auslegen. Den Teig in acht gleich große Stücke teilen und auf der leicht bemehlten Arbeitsfläche zu etwa 1 mm dicken Kreisen ausrollen. Wer mag, sticht jeweils in der Mitte eine kleine Öffnung aus. Die Teigkreise auf den vorbereiteten Blechen verteilen. Die Samen auf den Teig streuen und leicht hineindrücken, die Brote mit einer Gabel mehrmals einstechen. Etwa 7 Minuten backen. Alle Knäckebrot-Räder

Salz
Pfeffer

Außerdem
1 Papiertüte
2 Schraubgläser à ca. 200–250 ml

anschließend im ausgeschalteten Ofen noch etwa 30 Minuten trocknen lassen. Für den Transport das Knäckebrot in eine Papiertüte geben und die Aufstriche in Schraubgläser füllen.

Mangold-Muffins

Die herzhaften Mangold-Muffins sind schnell gemacht und eignen sich toll für sommerliche und herbstliche Wanderungen, aber auch als leckerer Snack für lange Auto- und Bahnfahrten.

CA. 25 MINUTEN + 45 MINUTEN BACKZEIT

ERGIBT 12 MUFFINS

250 g Mangold (oder Blattspinat)
1 Zwiebel
2 Knoblauchzehen
1 EL Oliven-Bratöl
1 Handvoll Salbeiblätter
250 g Ricotta
150 ml Milch
3 Eier
150 g Feta
200 g Weizenmehl Type 550
1 Prise Backpulver
50 g Pinienkerne
Salz
frisch gemahlener schwarzer Pfeffer
1 Prise Muskatnuss
1 Prise gemahlener Kreuzkümmel

Außerdem
12er Muffinblech
12 Papiermanschetten
1–2 eckige Lunchboxen à ca. 1,2 l oder Papiertüten

ZUBEREITUNG

Den Mangold waschen, Blätter sowie Stiele in etwa 1 cm breite Streifen schneiden. Die Zwiebel und den Knoblauch abziehen und fein würfeln. Das Öl in einer mittelgroßen Pfanne erhitzen. Die Mangoldstiele mit den Zwiebeln und dem Knoblauch darin bei mittlerer bis hoher Temperatur 5 Minuten unter gelegentlichem Rühren anbraten. Die Mangoldblätter zugeben und mitbraten, bis sie zusammenfallen. Den Salbei waschen, die Blättchen fein hacken und untermischen.

Den Ricotta mit der Milch und den Eiern in eine Rührschüssel geben und mit dem Schneebesen verquirlen. Den Feta abtropfen lassen, mit einer Gabel grob zerkrümeln und dazugeben. Die Mangoldmischung in die Schüssel geben und alles vermischen. Das Mehl in einer Schüssel mit dem Backpulver, der Hälfte der Pinienkerne, 2 Prisen Salz, etwas Pfeffer, dem Muskat und dem Kreuzkümmel vermischen und alles kurz unter die Mangold-Ricotta-Mischung rühren.

Den Backofen auf 180 °C vorheizen. Das Muffinblech mit den Papiermanschetten auskleiden und den Teig gleichmäßig hineinfüllen. Mit den restlichen Pinienkernen bestreuen und etwa 40–45 Minuten backen. Die Muffins abkühlen lassen. Für den Transport in die Lunchboxen oder in Papiertüten packen.

Tomatensalat

mit grünen Bohnen, Einkorn und Sesamdressing

Ob mit etwas Einkorn, Dinkel oder Reis: Durch das Getreide wird dieser sommerliche Salat schön sättigend, und das Dressing sorgt für einen Hauch asiatische Aromen.

CA. 25 MINUTEN

FÜR 2 PERSONEN

Salat
80 g Einkorn-Reis (oder Dinkel)
200 g grüne Bohnen
Salz
250 g Cocktailtomaten
2 Frühlingszwiebeln
150 g Mozzarellabällchen

Dressing
2 EL helle Sesamsamen
½ rote Chilischote
2 EL Limettensaft
1 EL geröstetes Sesamöl
2 EL Olivenöl
1 TL Honig (oder Apfeldicksaft)
Salz
frisch gemahlener schwarzer Pfeffer

Außerdem
1 Lunchbox à ca. 1,2 l

ZUBEREITUNG

Für den Salat den Einkorn-Reis nach Packungsangabe in Salzwasser garen, falls nötig abgießen und in eine Salatschüssel füllen. Die grünen Bohnen waschen, je nach Länge halbieren oder dritteln, in einem Topf mit kochendem Salzwasser etwa 7 Minuten bissfest garen, dann in einem Sieb kalt abspülen. Die Tomaten waschen und je nach Größe halbieren oder vierteln. Die Frühlingszwiebeln waschen und in feine Ringe schneiden. Den Einkorn-Reis mit Bohnen, Tomaten und Frühlingszwiebeln mischen. Die Mozzarellabällchen abtropfen lassen und zugeben.

Für das Dressing die Sesamsamen in einer Pfanne ohne Fett goldbraun anrösten, dann im Mörser mittelfein zerstoßen. Die Chilischote waschen, längs halbieren, auf Wunsch entkernen, fein würfeln und mit dem Sesam sowie den restlichen Zutaten in einer Schale verrühren. Den Salat mit dem Dressing mischen, mit Salz und Pfeffer abschmecken und für den Transport in die Lunchbox füllen.

TIPP

Der Salat schmeckt auch vegan ohne die Mozzarellabällchen sehr lecker. Wer mag, kann aber stattdessen auch zu einer pflanzlichen Alternative auf Reisbasis wie Risella greifen.

Focaccia

mit Oliven und getrockneten Tomaten

Eine Focaccia ist im Prinzip ein einfacher Hefefladen. Mit Oliven, getrockneten Tomaten, Thymian und Olivenöl verfeinert, ist sie jedoch schön saftig, sodass sie auch ohne einen Dip sehr lecker schmeckt.

CA. 30 MINUTEN + 1 STUNDE 45 MINUTEN WARTEZEIT

ERGIBT 1 FOCACCIA FÜR 4 PERSONEN

250 g Weizenmehl Type 550 plus Mehl für die Arbeitsfläche
⅓ Würfel Hefe (ca. 15 g)
1 Prise Rohrohrzucker
4 EL Olivenöl
½ TL Salz
50 g getrocknete Tomaten in Öl
50 g Kalamata-Oliven mit Stein
4 Zweige Thymian
Meersalz zum Bestreuen

Außerdem
1 Papiertüte

ZUBEREITUNG

Das Mehl in eine Rührschüssel geben. Eine Mulde in die Mitte drücken und die Hefe hineinkrümeln. Die Hefe mit dem Zucker bestreuen und mit 100 ml lauwarmem Wasser übergießen. Abgedeckt 15 Minuten ruhen lassen. Anschließend 3 EL Öl und das Salz zugeben und den Teig mindestens 5 Minuten von Hand kräftig durchkneten. An einem warmen Ort etwa 45 Minuten, bzw. bis sich das Teigvolumen deutlich vergrößert hat, gehen lassen..

Die Tomaten leicht abtropfen lassen, dann in feine Streifen schneiden. Die Oliven abtropfen lassen, halbieren, entkernen und in feine Ringe schneiden. Den Thymian waschen, die Blättchen abstreifen und mit den Tomaten und den Oliven zum Teig geben. Noch einmal gut durchkneten, dann auf der leicht bemehlten Arbeitsfläche zu einem rechteckigen oder ovalen Fladen von etwa 22 × 28 cm ausrollen. Ein Blech mit Backpapier auslegen, den Teig daraufgeben und mit einem Küchentuch abgedeckt weitere 15 Minuten gehen lassen.

Den Backofen auf 200 °C vorheizen. Mit den Fingerspitzen kleine Mulden in die Teigoberfläche drücken, die Focaccia gleichmäßig mit dem restlichen Öl beträufeln und mit Meersalz bestreuen. Etwa 25–30 Minuten goldbraun backen. Herausnehmen und abkühlen lassen. Für die Wanderung in Stücke schneiden und in eine Papiertüte packen.

Stulle

mit Aprikosenaufstrich und Pilzen

Damit diese würzige Stulle im Gepäck nicht zu sehr durchweicht, transportiert man am besten die einzelnen Komponenten separat und belegt die Brote frisch während der Wanderrast.

CA. 35 MINUTEN

FÜR 2 PERSONEN

1 Zwiebel
300 g Aprikosen
2 EL Oliven-Bratöl
2 EL Balsamico-Essig
Salz
frisch gemahlener schwarzer Pfeffer
50 g Pinienkerne plus Pinienkerne für die Garnitur (optional)
150 g braune Champignons
½ TL getrockneter Oregano
100 g Hartkäse aus Schafsmilch (z. B. Manchego; oder marinierter Tofu)
4–6 Scheiben Kürbiskernbrot
1 Handvoll Rucola

Außerdem
1–2 eckige Lunchboxen à ca. 1,2 l

ZUBEREITUNG

Die Zwiebel abziehen und fein würfeln. Die Aprikosen waschen, halbieren, entkernen und grob würfeln. 1 EL Bratöl in einer kleinen Pfanne erhitzen. Die Zwiebeln darin etwa 3 Minuten anschwitzen, die Aprikosen zugeben und 5 Minuten mitbraten. Mit 1 EL Balsamico ablöschen, mit Salz und Pfeffer würzen. Die Pinienkerne zugeben und die Mischung mit dem Stabmixer fein pürieren.

Die Pilze putzen und in etwa 0,5 cm dicke Scheiben schneiden. Das restliche Bratöl in einer kleinen Pfanne erhitzen und die Pilze darin unter gelegentlichem Rühren bei hoher Temperatur etwa 7 Minuten braten, mit dem restlichen Balsamico ablöschen, mit Salz, Pfeffer und Oregano würzen.

Den Käse in etwa 0,5 cm dicke Spalten schneiden. Die Hälfte der Brotscheiben mit dem Aprikosenaufstrich bestreichen und mit Rucola belegen, darauf je zwei bis drei Käsestücke setzen und mit den Pilzen belegen. Die Sandwiches zusammenklappen und für den Transport auf die Lunchboxen verteilen. Alternativ den Aufstrich und die Pilze in zwei separaten Schraubgläsern transportieren, den Rucola und die Käsescheiben in die Lunchbox füllen, die Brotscheiben in eine Papiertüte stecken und die Sandwiches während der Wanderrast frisch belegen. Wer mag, streut noch ein paar Pinienkerne darüber.

Kartoffelschnecken

mit Zucchini und Ajvar

Ein bisschen wie Pizza to go schmecken diese saftigen Kartoffel-Hefeteig-Schnecken mit der würzigen Ajvar-Paste und den gebratenen Zucchini. Und wer sie nicht nur während der Wanderrast genießen möchte, sollte sie auch mal zu einem Gartenfest oder einem Picknick am See mit Freunden mitbringen!

CA. 50 MINUTEN + 2 STUNDEN WARTEZEIT

ERGIBT 8 KARTOFFEL-SCHNECKEN

Teig
2–3 mehligkochende Kartoffeln (ca. 150 g)
Salz
100 g vegane Margarine
500 g Weizenmehl Type 550 plus Mehl für die Arbeitsfläche
½ Würfel Hefe (ca. 21 g)
1 Prise Rohrohrzucker
150–200 ml Haferdrink

Füllung
600 g Zucchini
1 rote Zwiebel
2 EL Oliven-Bratöl
½ TL getrockneter Thymian
1 unbehandelte Zitrone
frisch gemahlener schwarzer Pfeffer
200 g Ajvar (Paprika-Auberginen-Paste)

Außerdem
1 Papiertüte

ZUBEREITUNG

Für den Teig die Kartoffeln waschen und ungeschält in Salzwasser weich kochen. Dann abgießen, ausdampfen lassen, noch heiß pellen und in eine Schüssel geben. Die Margarine zufügen und das Ganze mit einem Kartoffelstampfer oder einer Gabel fein zerdrücken. Das Mehl in eine Rührschüssel geben und eine Mulde in die Mitte drücken. Die Hefe hineinkrümeln und mit dem Zucker bestreuen. Den Haferdrink in einem Topf lauwarm erwärmen und 150 ml über die Hefe gießen. Abgedeckt 15 Minuten ruhen lassen. Dann alles mit den Knethaken des Handrührers oder von Hand mindestens 5 Minuten kräftig zu einem glatten Teig verkneten. Sollte der Teig zu trocken sein, esslöffelweise Haferdrink unterkneten. Den Teig abgedeckt etwa 40 Minuten an einem warmen Ort gehen lassen, bis er sein Volumen deutlich vergrößert hat.

Für die Füllung die Zucchini waschen und in etwa 3 mm dicke Scheiben schneiden. Die Zwiebel abziehen, halbieren und in feine Halbringe schneiden. Das Öl in einer mittelgroßen Pfanne erhitzen. Zucchini und Zwiebeln darin bei hoher Temperatur etwa 10 Minuten anbraten. Den Thymian unterrühren. Die Zitrone heiß abwaschen, ½ TL Schale fein abreiben und ebenfalls unterrühren. Das Gemüse mit Salz und Pfeffer abschmecken.

Den Teig auf der leicht bemehlten Arbeitsfläche etwa 1 cm dick zu einem Rechteck von etwa 30 × 45 cm ausrollen. Gleichmäßig mit dem Ajvar bestreichen und dem Gemüse belegen. Von der langen Seite her mit leichtem Druck aufrollen und die Rolle in etwa acht gleich große Stücke schneiden. Jedes Stück mit der Schnittfläche nach oben auf ein mit Backpapier ausgelegtes Blech setzen. Mit einem Küchentuch abgedeckt weitere 15 Minuten gehen lassen. Den Backofen auf 180 °C vorheizen und die Schnecken 35–45 Minuten goldbraun backen. Herausnehmen und abkühlen lassen. Für den Transport in eine Papiertüte packen.

Pfirsich-Rosmarin-Kompott

auf Ziegenfrischkäsecreme

Ein supereinfaches, aromatisches Sommerdessert, von dem ich gerne gleich die doppelte Menge zubereite – dann wartet in der Woche gleich noch eine Nascherei im Kühlschrank. In einer Kühlbox transportiert, eignet es sich auch toll für Ausflüge an den Badesee.

CA. 20 MINUTEN

FÜR 4 PERSONEN

Kompott
- 2 reife Pfirsiche
- 1 EL Zitronensaft
- 1 EL Rohrohrzucker
- 2–3 Zweige Rosmarin plus Rosmarin für die Garnitur (optional)

Creme
- 150 g Ziegenfrischkäse
- 1 EL Zitronensaft
- 2–3 EL Puderzucker
- 100 g Schlagsahne

Außerdem
- 4 Schraubgläser à ca. 200 ml
- 1 kleine Kühltasche mit 2 Kühlakkus (optional)

ZUBEREITUNG

Für das Kompott die Pfirsiche waschen, halbieren, entkernen und die Hälften etwa 1 cm groß würfeln. In einem kleinen Topf mit dem Zitronensaft, 2 EL Wasser und dem Zucker vermischen. Den Rosmarin waschen, die Nadeln fein hacken und zugeben. Das Kompott bei niedriger Temperatur aufgedeckt etwa 10 Minuten köcheln lassen, dann auf die Schraubgläser verteilen und abkühlen lassen.

Inzwischen für die Creme den Ziegenfrischkäse mit dem Zitronensaft, 1 EL Wasser und dem Puderzucker glatt rühren. Die Sahne in einem Mixbehälter mit den Quirlen des Handrührers steif schlagen und unter die Frischkäsemischung heben. Die Creme gleichmäßig auf dem Kompott verteilen und auf Wunsch mit Rosmarinzweigen garnieren. Bis zum Transport kühl stellen. An heißen Sommertagen die verschlossenen Gläser am besten in einer kleinen Kühltasche mit Kühlakkus transportieren.

Kirsch-Käsekuchen

mit Kokosstreuseln

Die leckerste Art Kirschen zu naschen: Frisch vom Baum gepflückt während einer Wanderung oder in diesem köstlichen Käsekuchen mit Kokosstreuseln verpackt.

CA. 40 MINUTEN + 1 STUNDE 15 MINUTEN BACKZEIT

FÜR 1 SPRINGFORM À 26 CM Ø, ERGIBT 8–12 STÜCKE

Teig
100 g weiche Butter plus Butter für die Form
70 g Rohrohrzucker
1 Ei
50 ml Milch
150 g Weizenmehl Type 550
1 TL Backpulver
1 Prise Salz
1 Prise Bourbon-Vanillepulver

Belag
500 g Speisequark
70 g Rohrohrzucker
1 Ei
40 g Speisestärke
1 unbehandelte Zitrone
700 g Süßkirschen

Streusel
100 g kalte Butter
100 g Weizenmehl Type 550
80 g Rohrohrzucker
100 g Kokosraspel

Außerdem
1 Springform à 26 cm Ø
1 eckige Lunchbox à ca. 1,2 l

ZUBEREITUNG

Für den Teig die Butter mit dem Zucker in einer Rührschüssel mit den Quirlen des Handrührers leicht schaumig schlagen, das Ei und die Milch unterrühren. Das Mehl mit dem Backpulver, dem Salz und dem Vanillepulver in einer weiteren Schüssel vermischen und kurz unter die Buttermischung rühren. Die Springform einfetten und den Teig gleichmäßig hineinfüllen.

Für den Belag den Quark mit dem Zucker, dem Ei und der Stärke in einer Schüssel vermischen. Die Zitrone abwaschen, ½ TL Schale fein abreiben und zugeben. Die Kirschen waschen und entkernen. Die Quarkcreme auf dem Teigboden verteilen und mit den Kirschen belegen.

Den Backofen auf 160 °C vorheizen. Für die Streusel alle Zutaten mit 1–2 EL kaltem Wasser in einer Schüssel zügig mit den Händen zu Streuseln verkneten und auf dem Kuchenbelag verteilen. Etwa 1 Stunde 15 Minuten goldbraun backen. Den Kuchen abkühlen lassen. In Stücke schneiden und was für die Wanderung benötigt wird, in die Lunchbox packen.

Brombeer-Blondies

mit Lavendel

Mit Zitrone, Brombeeren und einem Hauch von Lavendel verfeinert, sind diese sommerlich-fruchtigen Blondies eine süße Stärkung für unterwegs.
Praktisch: Wenn die Backform etwa so groß ist wie die Lunchbox, passen die Küchlein für den Transport perfekt hinein.

CA. 20 MINUTEN + 25 MINUTEN BACKZEIT

ERGIBT CA. 8 BLONDIES

125 g Butter
150 g weiße Schokolade
200 g Dinkelmehl Type 630
75 g + 1 TL Rohrohrzucker
½ TL Backpulver
2 Prisen Salz
1 TL getrocknete Lavendelblüten
75 ml Milch
2 Eier
1 unbehandelte Zitrone
125 g Brombeeren

Außerdem
1 eckige Back- oder Auflaufform à ca. 15 × 20 cm
1 eckige Lunchbox à ca. 1,2 l

ZUBEREITUNG

Die Butter grob würfeln und in einen kleinen Topf geben. Die Schokolade grob hacken, zugeben und bei niedriger Temperatur unter gelegentlichem Rühren schmelzen lassen. Anschließend leicht abkühlen lassen. Das Mehl mit 75 g Zucker, dem Backpulver und dem Salz in einer Rührschüssel vermischen. 1 TL Zucker mit den Lavendelblüten im Mörser fein zerstoßen und ebenfalls untermischen. Den Backofen auf 200 °C vorheizen.

Die Butter-Schokoladen-Masse, die Milch und die Eier zur Mehl-Mischung geben und alles zügig miteinander vermengen. Die Zitrone heiß abwaschen und 1 TL der Schale fein abreiben. Die Brombeeren verlesen und vorsichtig waschen, falls nötig. Einige Brombeeren zur Seite legen, den Rest mit dem Zitronenabrieb unter den Teig heben. Die Backform mit Backpapier auslegen, den Teig gleichmäßig hineinfüllen und die zur Seite gelegten Brombeeren darauf verteilen. Etwa 25 Minuten backen, dann den Ofen ausschalten und die Form weitere 5 Minuten im Ofen lassen, falls nötig. Den Kuchen anschließend bei Zimmertemperatur abkühlen lassen und dann im Kühlschrank etwa 1–2 Stunden durchkühlen. In etwa acht gleich große Stücke schneiden und für die Wanderung in die Lunchbox packen.

Frangipane-Beeren-Tarte

Viele Tartes gelingen ganz einfach und ebenso lecker vegan – wie auch diese beerige Tarte mit Frangipane-Creme, die geschmacklich etwas an Marzipan erinnert. Ich backe sie gerne in einer kleinen Springform, so lassen sich die Kuchenstücke besonders gut transportieren.

CA. 35 MINUTEN + 1 STUNDE 30 MINUTEN WARTEZEIT

FÜR 1 SPRINGFORM À 20 CM Ø, ERGIBT 6 STÜCKE

Teig

125 g Weizenmehl Type 550
60 g kalte vegane Margarine plus Margarine für die Form
20 g Puderzucker
1 Prise Salz
1 TL Weißweinessig

Belag

50 g vegane Margarine
50 ml Mandeldrink
5 Tropfen Bittermandelaroma (optional)
100 g gemahlene Mandeln
40 g Puderzucker
40 g Weizenmehl Type 550
1 EL Speisestärke
125 g TK-Beerenmischung (oder frische Beeren)

Außerdem

1 Springform à 20 cm Ø
getrocknete Hülsenfrüchte zum Blindbacken
1 eckige Lunchbox à ca. 1,2 l

ZUBEREITUNG

Für den Teig das Mehl in eine Rührschüssel geben. Die Margarine in Würfel schneiden und mit dem Puderzucker, dem Salz, dem Essig und 1–2 EL kaltem Wasser zugeben. Alles zügig von Hand zu einem glatten Teig verkneten. Die Form einfetten und den Teig gleichmäßig hineindrücken, dabei einen etwa 3 cm hohen Rand formen. Mit einer Gabel mehrmals einstechen und mindestens 30 Minuten kühl stellen.

Den Backofen auf 180 °C vorheizen. Den Tarteboden mit einem Stück Backpapier bedecken und mit Hülsenfrüchten beschwert 10 Minuten blindbacken. Anschließend Hülsenfrüchte und Backpapier entfernen und den Boden weitere 10 Minuten backen.

Inzwischen für den Belag die Margarine in einem kleinen Topf zerlassen, in eine Rührschüssel umfüllen und mit dem Mandeldrink mischen; nach Wunsch auch das Bittermandelaroma unterrühren. Die Mandeln in eine weitere Schüssel geben und mit dem Puderzucker, dem Mehl und der Stärke mischen, dann unter die Margarine-Mischung rühren. Die Frangipane-Creme auf dem vorgebackenen Tarteboden verteilen und mit den Beeren belegen. Die Tarte weitere 40–45 Minuten backen. Die Tarte auskühlen lassen, in sechs Stücke schneiden und für den Transport in die Lunchbox packen.

Herbst

Bratreis

mit Fenchel-Paprika-Gemüse und Harissadip

Bratreis mit Gemüse ist ein tolles Resteessen, falls man mal zu viel Reis gekocht hat, und er schmeckt auch kalt hervorragend – mit dem scharfen Dip gleich doppelt so gut.

CA. 35 MINUTEN + 1 STUNDE WARTEZEIT

FÜR 2 PERSONEN

Bratreis
100 g Basmatireis
Salz
1 Fenchelknolle (ca. 300 g)
1 Spitzpaprika (ca. 150 g)
1 Glas Kichererbsen (ca. 240 g Abtropfgewicht)
1 Knoblauchzehe
2 EL Oliven-Bratöl
½ TL getrockneter Thymian
1 EL Zitronensaft
frisch gemahlener schwarzer Pfeffer
40 g Mandelkerne
Koriander für die Garnitur (optional)

Dip
200 g Joghurt (oder pflanzliche Alternative)
1–2 TL Harissa-Paste
1 EL Olivenöl

Außerdem
1 Lunchbox à ca. 1,2 l
1 Schraubglas à ca. 250 ml

ZUBEREITUNG

Für den Bratreis den Reis nach Packungsangabe in Salzwasser garen und mindestens 1 Stunde abkühlen lassen. Den Fenchel waschen, vierteln und quer in etwa 0,5 cm breite Stücke schneiden. Die Paprika waschen, halbieren, entkernen und etwa 2 cm groß würfeln. Die Kichererbsen in einem Sieb abspülen und abtropfen lassen. Den Knoblauch abziehen und fein würfeln. Das Öl in einer großen Pfanne erhitzen und das Gemüse darin 5 Minuten bei hoher Temperatur anbraten. Den Reis und die Kichererbsen untermischen und 5 Minuten unter Rühren mitbraten. Alles mit dem Thymian und dem Zitronensaft würzen und mit Salz und Pfeffer abschmecken. Abkühlen lassen und in die Lunchbox füllen. Die Mandeln grob hacken, in einer Pfanne ohne Fett anrösten und den Bratreis damit bestreuen. Wer Korianderblättchen zur Hand hat, kann ein paar dazugeben.

Für den Dip den Joghurt mit der Harissa-Paste und dem Olivenöl verrühren und mit Salz abschmecken. Für den Transport in ein Schraubglas umfüllen. Den Bratreis während der Wanderrast mit dem Dip servieren.

Bohnenbratlinge

mit Apfel-Karotten-Salat

Unkompliziert und lecker – die würzigen Bohnenbratlinge mit aromatischem Zatar-Quark-Dip und fruchtigem Karottensalat eignen sich auch gut für die Mittagspause im Büro oder Homeoffice.

CA. 50 MINUTEN

FÜR 2 PERSONEN

Bratlinge

1 Dose schwarze Bohnen (ca. 240 g Abtropfgewicht)
1 kleine Zwiebel
1 Knoblauchzehe
3 EL Bratöl
4 EL zarte Haferflocken
1 TL mittelscharfer Senf
½ TL geräuchertes Paprikapulver
½ TL gemahlener Kreuzkümmel
Salz

Salat

2 Karotten (ca. 200 g)
1 Apfel (ca. 125 g)
1 EL Leinöl
2 EL Zitronensaft
1 EL Ahornsirup
½ Bund glatte Petersilie plus 1 Handvoll glatte Petersilie für die Garnitur (optional)
1 Prise Chiliflocken

Dip

250 g Speisequark (oder Seidentofu)
1 EL Olivenöl
1–2 TL Zatar (orientalische Gewürzmischung)
Salz
frisch gemahlener schwarzer Pfeffer

Außerdem

1 Lunchbox à ca. 1,2 l
1 Schraubglas à ca. 300 ml

ZUBEREITUNG

Für die Bratlinge die Bohnen in einem Sieb abspülen und abtropfen lassen. Die Zwiebel und den Knoblauch abziehen und fein würfeln. 1 EL Öl in einer kleinen Pfanne erhitzen und die Zwiebeln und den Knoblauch darin etwa 3 Minuten anschwitzen. Mit den Bohnen in einer Rührschüssel mischen. Die Haferflocken, den Senf, das Paprikapulver und den Kreuzkümmel zugeben und alles fein pürieren. Die Mischung gut salzen und mit leicht angefeuchteten Händen vier Bratlinge formen. Das restliche Öl in einer großen Pfanne erhitzen und die Bratlinge darin von jeder Seite etwa 4 Minuten goldbraun braten. Auf Küchenpapier abtropfen lassen.

Für den Salat die Karotten schälen und grob in eine Schüssel reiben. Den Apfel vierteln, schälen, entkernen und die Viertel ebenfalls grob dazureiben. Mit dem Leinöl, dem Zitronensaft und dem Ahornsirup mischen. Die Petersilie waschen, die Blättchen grob hacken und untermischen. Den Salat mit Salz und Chiliflocken abschmecken.

Für den Dip den Quark mit Olivenöl und Zatar in einer Schale mischen und mit Salz und Pfeffer abschmecken. Den Dip in ein Schraubglas füllen, die Bratlinge mit dem Salat in die Lunchbox füllen, wer mag, gibt noch Petersilie zum Garnieren dazu.

TIPP

Noch besser lassen sich die Bratlinge formen, wenn man die Bohnenmischung etwa 30 Minuten kühl stellt.

Pastinakencremesuppe

mit Granola

Pastinaken haben einen tollen würzigen Eigengeschmack und eignen sich hervorragend für Cremesuppen. Hier sorgt ein herzhaftes Granola on top für den aromatischen Knuspereffekt.

CA. 50 MINUTEN

FÜR 2 PERSONEN

Granola
20 g kernige Haferflocken
20 g Sonnenblumenkerne
20 g Kürbiskerne
½ TL flüssiger Honig (oder Ahornsirup)
1 EL Bratöl
4 Zweige Thymian
1 unbehandelte Zitrone
Salz

Suppe
3–4 Pastinaken (ca. 400 g)
2 mehligkochende Kartoffeln (ca. 150 g)
1 Zwiebel
1 TL Butter (oder vegane Margarine)
1 kleiner Apfel (ca. 90 g)
1 Prise Anissamen
frisch gemahlener schwarzer Pfeffer
400 ml Gemüsebrühe
100 g Schlagsahne (oder pflanzliche Alternative)
2 EL Zitronensaft
2 EL Kürbiskernöl zum Beträufeln (optional)

Außerdem
1 Schraubglas à ca. 200 ml
1 Thermo-Essensbehälter à ca. 700 ml

ZUBEREITUNG

Für das Granola den Backofen auf 180 °C vorheizen. Die Haferflocken mit den Sonnenblumen- und Kürbiskernen in eine kleine Auflaufform geben und mit dem Honig und dem Öl mischen. Den Thymian waschen, die Blättchen grob hacken und zugeben. Die Zitrone heiß abwaschen, ½ TL Schale fein abreiben und zugeben. Alles mit 1–2 Prisen Salz vermischen und etwa 15 Minuten im Ofen rösten, dabei nach der Hälfte der Backzeit einmal durchrühren. Das Granola abkühlen lassen und dann für den Transport in ein Schraubglas umfüllen.

Für die Suppe die Pastinaken und die Kartoffeln schälen und in etwa 2–3 cm große Stücke schneiden. Die Zwiebel abziehen und grob würfeln. Die Butter in einem mittelgroßen Topf zerlassen und die Pastinaken mit den Zwiebeln darin etwa 5 Minuten anbraten. Den Apfel vierteln, entkernen, schälen, in 2–3 cm große Würfel schneiden und mit den Kartoffeln zugeben. Alles mit Anis, Salz und Pfeffer würzen, mit der Brühe aufgießen und im geschlossenen Topf etwa 20 Minuten bei mittlerer Temperatur kochen. Die Sahne zugießen und die Suppe mit dem Stabmixer fein pürieren. Noch einmal mit den Gewürzen sowie Zitronensaft abschmecken und noch heiß in den Thermo-Essensbehälter umfüllen. Mit Kürbiskernöl beträufeln. Für die Wanderrast die Suppe mit dem Granola bestreuen.

Pide

mit Pilzen und Feta-Topping

Die köstlichen Teigschiffchen mit Lauch, Pilzen und Feta passen gut in eine Brottüte vom Bäcker und schmecken auch kalt sehr lecker auf der Herbstwanderung. Wer mag, kann die Pide natürlich auch mit selbst gesammelten Waldpilzen zubereiten!

CA. 45 MINUTEN + 1 STUNDE WARTEZEIT

ERGIBT 4 PIDE

Teig
250 g Weizenmehl Type 550 plus Mehl für die Arbeitsfläche
½ Würfel Hefe (ca. 21 g)
¼ TL Rohrohrzucker
Salz
3 EL Olivenöl

Belag
1 Stange Lauch
250 g braune Champignons
2 EL Oliven-Bratöl
1 TL getrockneter Majoran
2 EL Balsamico-Essig
4–6 EL Tomatenmark
Salz
frisch gemahlener weißer Pfeffer

Topping
150 g Feta (oder Feto)
½ Bund glatte Petersilie
1 unbehandelte Zitrone

Außerdem
1 Schraubglas à ca. 200 ml
1 Papiertüte

ZUBEREITUNG

Für den Teig das Mehl in eine Rührschüssel füllen, in die Mitte eine Mulde drücken und die Hefe hineinkrümeln. Mit dem Zucker bestreuen und mit 100 ml lauwarmem Wasser übergießen. Abdeckt 15 Minuten ruhen lassen. Anschließend 1/3 TL Salz und das Öl hinzufügen und alles mit den Knethaken des Handrührers oder von Hand mindestens 5 Minuten kräftig zu einem glatten Teig verkneten. Abgedeckt an einem warmen Ort etwa 45 Minuten, bzw. bis sich das Teigvolumen deutlich vergrößert hat, gehen lassen.

Inzwischen für den Belag den Lauch putzen, längs halbieren, waschen und in etwa 0,5 cm breite Stücke schneiden. Die Pilze putzen, halbieren und in etwa 0,5 cm breite Stücke schneiden. Das Öl in einer großen Pfanne erhitzen und den Lauch mit den Pilzen und dem Tomatenmark darin bei hoher Temperatur unter gelegentlichem Rühren etwa 7 Minuten anbraten. Mit dem Majoran würzen und mit dem Essig ablöschen. Die Mischung kräftig mit Salz und Pfeffer abschmecken und zur Seite stellen.

Für das Topping den Feta mit einer Gabel grob zerkrümeln und in eine Schale geben. Die Petersilie waschen, die Blättchen fein hacken und unterrühren. Die Zitrone heiß abwaschen, ½ TL Schale fein abreiben und zugeben. Die Mischung in ein Schraubglas füllen und bis zum Transport kühl stellen.

Den Backofen auf 200 °C vorheizen und ein Blech mit Backpapier auslegen. Den Teig vierteln und jedes Stück auf der leicht bemehlten Arbeitsfläche oval ausrollen. Gleichmäßig mit Tomatenmark bestreichen und mit der Pilzmischung belegen, dabei rundherum einen etwa 2–3 cm breiten Rand frei lassen. Die länglichen, gegenüberliegenden Teigränder um die Füllung klappen und an den Enden

leicht verdrehen und festdrücken. Die Pide auf dem vorbereiteten Blech verteilen und etwa 20 Minuten goldbraun backen. Nach dem Abkühlen kann man sie in das Backpapier einwickeln und in einer Papiertüte transportieren. Während der Wanderrast mit dem Feta-Topping bestreut servieren.

Nudelsalat

mit Kürbis und Maronen

Wer ein wenig Glück hat, findet auf einem herbstlichen Spaziergang durch den Park oder auf einer Wanderung im Wald frische Maronen und kann sie gleich für diesen bunten Nudelsalat sammeln. Und wenn es mal schneller gehen soll, schmecken auch die vorgegarten, vakuumierten Maronen lecker dazu!

CA. 50 MINUTEN

FÜR 2 PERSONEN

Salat
200 g Maronen
1 Butternut-Kürbis (ca. 800 g)
1 rote Zwiebel
1 EL Oliven-Bratöl
Salz
150 g kurze Nudeln (z. B. Rädchennudeln)
1 Birne (ca. 200 g)
3 EL Kürbiskerne
1 Handvoll Rucola

Dressing
3 EL Olivenöl
2 EL Weißweinessig
1 TL mittelscharfer Senf
Salz
frisch gemahlener schwarzer Pfeffer

Außerdem
1–2 Lunchboxen à ca. 1,2 l

ZUBEREITUNG

Für den Salat den Backofen auf 200 °C vorheizen. Die Maronen an der flachen Seite kreuzweise einschneiden und auf dem Backofengitter etwa 20 Minuten rösten, dann schälen und grob hacken.

Den Kürbis vierteln, entkernen, schälen und in etwa 2–3 cm große Stücke schneiden. Die Zwiebel abziehen, halbieren und in etwa 1 cm breite Halbringe schneiden. Ein Blech mit Backpapier auslegen. Kürbis und Zwiebeln daraufgeben und mit dem Öl und 2 Prisen Salz mischen. Etwa 25 Minuten im Ofen rösten.

Die Nudeln nach Packungsangabe in reichlich Salzwasser al dente garen, abgießen und mit dem Ofengemüse und den Maronen in einer Schüssel mischen. Die Birne vierteln, entkernen, schälen, in etwa 1–2 cm große Stücke schneiden und untermischen. Die Kürbiskerne in einer Pfanne ohne Fett rösten und ebenfalls untermischen. Den Rucola waschen, falls nötig grob hacken und unterheben.

Für das Dressing das Öl mit dem Essig und dem Senf in einer Schüssel oder einem Schraubglas gut miteinander vermischen, mit Salz und Pfeffer abschmecken und unter den Salat mischen. Für die Wanderung den Salat in der Lunchbox transportieren.

Eiweißbrot

mit Rote-Bete-Pesto und Skordalia

Für eine besonders proteinreiche Brotzeit ist dieses saftige Brot ideal. Dazu serviere ich ein würziges Rote-Bete-Walnuss-Pesto und Skordalia – einen griechischen Kartoffel-Knoblauch-Dip.

CA. 50 MINUTEN + 1 STUNDE WARTEZEIT

ERGIBT 1 BROT, CA. 12 SCHEIBEN

Brot
250 g Magerquark
3 Eier
1 Karotte
1 Pastinake
100 g geschrotete Leinsamen
100 g kernige Haferflocken
100 g gemahlene Mandeln
2 EL Sojamehl
½ TL Backpulver
Salz
frisch gemahlener schwarzer Pfeffer

Rote-Bete-Pesto
2 Rote Beten (ca. 400 g)
40 g Walnusskerne plus Walnusskerne zum Garnieren (optional)
1 Knoblauchzehe
3 EL Olivenöl
1–2 EL Zitronensaft
Salz
frisch gemahlener schwarzer Pfeffer

Skordalia-Dip
3 mittelgroße mehligkochende Kartoffeln (ca. 300 g)
2 Knoblauchzehen
50 ml Olivenöl
3 EL Zitronensaft
1 TL flüssiger Honig (oder Ahornsirup)
Salz
1 Prise Chiliflocken
Oliven zum Garnieren (opitonal)

ZUBEREITUNG

Für das Brot den Backofen auf 170 °C vorheizen. Den Quark mit den Eiern in einer Rührschüssel vermischen. Die Karotte und die Pastinake schälen, fein raspeln und zugeben. Die Leinsamen, die Haferflocken, die gemahlenen Mandeln, das Sojamehl und das Backpulver in einer weiteren Schüssel mit 1 TL Salz und 1 Prise Pfeffer vermischen, dann mit der Quarkmasse verkneten. Die Kastenform mit Backpapier auskleiden, den Teig gleichmäßig hineinfüllen und etwa 1 Stunde 10 Minuten backen, bis das Brot eine goldbraune Kruste hat. Anschließend komplett auskühlen lassen.

Für das Pesto die Roten Beten schälen, in etwa 2 cm große Stücke schneiden und in wenig Salzwasser abgedeckt etwa 20 Minuten bei mittlerer Temperatur garen, bis sie weich sind. Abgießen und etwas abkühlen lassen. Mit den Walnüssen in einen Mixbehälter geben. Den Knoblauch abziehen, grob würfeln und mit dem Öl zugeben. Das Ganze mit dem Stabmixer mittelfein pürieren und mit Salz, Pfeffer und dem Zitronensaft abschmecken. In ein Schraubglas füllen, mit etwas Öl bedecken und auf Wunsch mit Walnüssen garnieren.

Für den Skordalia-Dip die Kartoffeln waschen und in wenig Salzwasser etwa 30 Minuten weich kochen. Abgießen, ausdampfen lassen, noch heiß pellen und mit dem Kartoffelstampfer oder einer Gabel fein zerdrücken. Den Knoblauch abziehen und dazupressen. Mit dem Öl, dem Zitronensaft und dem Honig glatt rühren und mit Salz und Chiliflocken abschmecken. Den Dip in ein Schraubglas füllen, mit etwas Öl bedecken und auf Wunsch mit Oliven garnieren.

Das Brot für den Transport im Ganzen in eine Papiertüte stecken oder vorher in Scheiben schneiden. Mit den beiden Dips servieren.

Außerdem
1 Kastenform à ca. 11 × 25 cm
2 Schraubgläser à ca. 250 ml
1 Papiertüte

Linsen-Dal

mit Süßkartoffeln und Auberginen-Topping

Würziges Dal aus gelben oder roten Linsen gehört zu meinen liebsten Wohlfühlgerichten – in einem Thermo-Essensbecher mitgenommen, schmeckt es zum Glück auch unterwegs ganz köstlich.

CA. 45 MINUTEN

FÜR 2 PERSONEN

Linsen-Dal
150 g rote Linsen
2 Schalotten
1 Knoblauchzehe
1 walnussgroßes Stück Ingwerknolle
½ rote Chilischote
1 kleine Süßkartoffel (ca. 170 g)
1 EL Kokosöl (oder Bratöl)
2 getrocknete Aprikosen
1 Zimtstange
200 ml Kokosmilch
½ TL gemahlene Kurkuma
½ TL gemahlener Kreuzkümmel
Salz
1 EL Limettensaft

Auberginen-Topping
1 Aubergine (ca. 350 g)
1 EL Kokosöl (oder Bratöl)
½ TL Senfkörner
½ TL Korianderkörner
½ TL Kreuzkümmelsamen
Salz
1 Handvoll Koriander für die Garnitur (optional)

Zum Servieren
½ Fladenbrot (optional)

Außerdem
1 Thermo-Essensbehälter à ca. 700 ml
1 kleine Lunchbox oder ein Schraubglas à ca. 300 ml
1 Schale zum Umfüllen (optional)

ZUBEREITUNG

Für das Dal die Linsen in einem Sieb waschen. Die Schalotten und den Knoblauch abziehen und fein würfeln. Den Ingwer schälen und fein würfeln. Die Chilischote waschen, längs halbieren, auf Wunsch entkernen, dann fein würfeln. Die Süßkartoffel schälen und etwa 1–2 cm groß würfeln. Das Öl in einem mittelgroßen Topf erhitzen. Das Gemüse darin etwa 5 Minuten bei mittlerer Temperatur unter gelegentlichem Rühren anbraten. Die Aprikosen grob würfeln und mit den Linsen und dem Zimt zugeben. 1 Minute mitbraten, dann alles mit der Kokosmilch und 250 ml Wasser aufgießen. Abgedeckt bei mittlerer Temperatur etwa 10 Minuten kochen, bis die Linsen weich sind. Falls die Mischung zu trocken wird, weitere 50–100 ml Wasser zugeben. Mit Kurkuma, Kreuzkümmel und Salz würzen und mit dem Limettensaft abschmecken. Das Dal noch heiß in den Thermo-Essensbehälter umfüllen.

Für das Topping die Aubergine waschen und etwa 1–2 cm groß würfeln. Das Öl in einer mittelgroßen Pfanne erhitzen. Die Senf- und Korianderkörner sowie die Kreuzkümmelsamen darin 1 Minute unter Rühren anrösten, die Auberginenstücke zugeben und bei mittlerer bis hoher Temperatur unter Rühren etwa 10–15 Minuten braten, bis die Auberginenstücke weich sind. Mit Salz abschmecken und für den Transport in eine kleine Lunchbox oder ein Schraubglas füllen. Nach Wunsch mit Koriander garnieren.

Wer mag, kann das Dal während der Wanderrast in eine Schale umfüllen, bevor das Topping dazukommt. Dazu schmeckt Fladenbrot.

Veganer Zwiebelkuchen

Ob mit Federweißer oder ohne – im Herbst ist Zwiebelkuchen für mich ein Muss. Am liebsten esse ich ihn in dieser veganen Variante mit Kümmel und Räuchertofu.

CA. 45 MINUTEN + 1 STUNDE 45 MINUTEN WARTEZEIT

ERGIBT 6–8 STÜCKE

Teig
250 g Dinkelmehl Type 630 plus Mehl für die Arbeitsfläche
¼ Würfel Hefe (ca. 10 g)
1 Prise Rohrohrzucker
Salz
3 EL Oliven-Bratöl

Belag
4 Zwiebeln (ca. 300 g)
2 EL Oliven-Bratöl
100 g Räuchertofu
200 g Sojacreme (pflanzliche Sahnealternative)
1 TL mittelscharfer Senf
2 EL Speisestärke
Salz
frisch gemahlener schwarzer Pfeffer
1 TL Kümmelsamen

Zum Servieren
gehackte Petersilie zum Bestreuen (optional)

Außerdem
1–2 Lunchboxen à ca. 1,2 l

ZUBEREITUNG

Für den Teig das Mehl in eine Rührschüssel geben. Eine Mulde in die Mitte drücken und die Hefe hineinkrümeln. Mit dem Zucker bestreuen und mit 125 ml lauwarmem Wasser übergießen. Abgedeckt etwa 15 Minuten ruhen lassen. Anschließend 1 TL Salz und das Öl zugeben und den Teig mit den Knethaken des Handrührers oder von Hand mindestens 5 Minuten kräftig zu einem glatten Teig verkneten. Abdeckt an einem warmen Ort etwa 1 Stunde gehen lassen, bzw. bis sich das Volumen deutlich vergrößert hat.

Inzwischen für den Belag die Zwiebeln abziehen, halbieren und in feine Halbringe schneiden. Das Öl in einer großen Pfanne erhitzen und die Zwiebeln darin unter Rühren bei hoher Temperatur etwa 5 Minuten anschwitzen. Den Tofu abtropfen lassen und 0,5 cm groß würfeln. Die Sojacreme mit dem Senf, der Stärke, Salz und Pfeffer in einer Schüssel verrühren. Den Kümmel im Mörser grob zerstoßen und zugeben. Die Zwiebeln mit der Sojacreme und der Hälfte des Tofus vermischen.

Den Backofen auf 180 °C vorheizen. Ein Blech mit Backpapier auslegen. Den Teig auf der leicht bemehlten Arbeitsfläche zu einem etwa 23 × 33 cm großen Rechteck ausrollen und auf das vorbereitete Blech legen. Gleichmäßig mit der Zwiebelcreme bestreichen, dabei rundherum einen etwa 1 cm breiten Rand frei lassen. Mit den restlichen Tofuwürfeln belegen. Etwa 40 Minuten goldbraun backen.

Nach dem Abkühlen den Zwiebelkuchen in Stücke schneiden und für die Wanderung mit Back- oder Butterbrotpapier dazwischen in die Lunchbox packen. Auf Wunsch mit gehackter Petersilie garnieren.

Wraps

mit Pilzen und Maiscreme

Aromatische Wraps eignen sich toll zum Mitnehmen und können nach Gusto variiert werden. Um die Zubereitungszeit noch etwas zu verkürzen, könnt ihr statt der Maiscreme zu eurem Lieblingsaufstrich greifen. Ein Curry- oder ein Paprikaaufstrich passt zum Beispiel ebenso gut.

CA. 45 MINUTEN

ERGIBT 6 WRAPS

6 Tortilla-Weizenwraps à Ø 20 cm
¼ Eisbergsalat
Korianderblätter zum Bestreuen (optional)

Creme
1 kleine Dose Zuckermais (ca. 140 g Abtropfgewicht)
100 g Schmand (oder vegane Alternative)
½ rote Chilischote
½ Bund Koriander
Salz
2 EL Semmelbrösel

Belag
250 g gemischte Pilze (z. B. Kräuterseitlinge und Shiitake)
1 rote Paprikaschote
1 Knoblauchzehe
1 EL Bratöl
1 Glas weiße Bohnen (ca. 240 g Abtropfgewicht)
1 EL Balsamico-Essig
½ TL getrockneter Thymian
frisch gemahlener schwarzer Pfeffer

Außerdem
1–2 eckige Lunchboxen à ca. 1,2 l

ZUBEREITUNG

Für die Creme den Mais abtropfen lassen und in eine Rührschüssel geben. Den Schmand zugeben. Die Chilischote waschen, längs halbieren, auf Wunsch entkernen, dann grob würfeln und zugeben. Den Koriander waschen, die Blättchen samt den feinen Stielen grob hacken und zugeben. Alles fein pürieren und mit Salz abschmecken. Dann die Semmelbrösel unterrühren und die Creme bis zur Verwendung kühl stellen.

Für den Belag die Pilze putzen und in 0,5 cm dicke Scheiben schneiden. Die Paprika waschen, vierteln, entkernen und etwa 0,5 cm groß würfeln. Den Knoblauch abziehen und fein würfeln. Das Öl in einer großen Pfanne erhitzen, Pilze, Paprika und Knoblauch darin bei mittlerer Temperatur unter gelegentlichem Rühren etwa 10 Minuten braten. Die Bohnen in ein Sieb abgießen, abspülen und untermischen. Alles mit dem Essig ablöschen und mit dem Thymian sowie Salz und Pfeffer abschmecken.

Die Wraps in einer Pfanne wenige Sekunden erwärmen, nacheinander auf die Arbeitsfläche legen und gleichmäßig mit der Maiscreme bestreichen. Den Salat waschen, grob hacken und mittig auf das untere Drittel der Wraps verteilen. Darauf die Pilz-Gemüse-Mischung geben und auf Wunsch mit dem Koriander bestreuen. Zunächst den unteren Rand über die Füllung klappen, anschließend die Seiten umschlagen und die Wraps mit leichtem Druck von unten nach oben aufrollen. In Butterbrotpapier wickeln und mit Küchengarn fixieren. Mit einem scharfen Messer in der Mitte durchschneiden und nebeneinander in die Lunchbox packen.

Zupfbrot
mit Kürbispesto

Pull-Apart-Bread oder Zupfbrot besteht aus einem geschichteten Hefeteig und lässt sich nach dem Backen in Stücke zupfen. Wer mag, bereitet von dem Pesto gleich die doppelte oder dreifache Menge zu, denn es schmeckt auch toll zu Pasta oder als Brotaufstrich.

CA. 1 STUNDE + 1 STUNDE 30 MINUTEN WARTEZEIT

ERGIBT 1 ZUPFBROT

Teig
350 g Dinkelmehl Type 630 plus Mehl für die Arbeitsfläche
150 g Vollkorndinkelmehl
½ Würfel Hefe (ca. 21 g)
½ TL Rohrohrzucker
3 EL Olivenöl plus Öl für die Form
Salz

Pesto
¼ Hokkaido-Kürbis (ca. 250 g)
200 ml Gemüsebrühe
1 Knoblauchzehe
30 g Kürbiskerne
30 g Montello (oder Parmesan)
2 EL Olivenöl
1 EL Zitronensaft
1 Prise Chiliflocken
2 Prisen gemahlener Zimt

Belag
100 g getrocknete Tomaten in Öl

Außerdem
1 Kastenform à ca. 11 cm × 25 cm
1 Papiertüte

ZUBEREITUNG

Für den Teig beide Mehlsorten in einer Rührschüssel miteinander mischen, eine Mulde in die Mitte drücken und die Hefe hineinkrümeln. Mit dem Zucker bestreuen und mit 250 ml lauwarmem Wasser übergießen. Abgedeckt etwa 15 Minuten ruhen lassen. Anschließend das Öl und 1 TL Salz zugeben und alles mit den Knethaken des Handrührers oder von Hand mindestens 5 Minuten kräftig zu einem glatten Teig verkneten. Abgedeckt etwa 45 Minuten, bzw. bis sich das Teigvolumen deutlich vergrößert hat, gehen lassen.

Inzwischen für das Pesto den Kürbis waschen, dritteln, entkernen und das Fruchtfleisch in etwa 2–3 cm große Stücke schneiden. In einem Topf mit der Gemüsebrühe aufkochen und abgedeckt etwa 10 Minuten weich kochen. Abgießen und leicht abkühlen lassen. Den Knoblauch abziehen, grob würfeln und zugeben. Alles zusammen mit den Kürbiskernen fein pürieren. Den Käse fein reiben und mit dem Öl, dem Zitronensaft, den Chiliflocken und dem Zimt untermischen. Das Pesto bis zur Verwendung kühl stellen.

Den Backofen auf 200 °C vorheizen. Den Teig auf der leicht bemehlten Arbeitsfläche zu einem Quadrat von etwa 40 × 40 cm ausrollen, dann in etwa 8 × 10 cm große Rechtecke schneiden. Jedes Stück gleichmäßig mit dem Pesto bestreichen. Die getrockneten Tomaten leicht abtropfen lassen, falls nötig grob hacken und die Teigstücke damit belegen. Je vier der bestrichenen Teigstücke übereinanderlegen. Die Kastenform einfetten und die Teigstücke nebeneinander in die Form legen. Etwa 35–40 Minuten backen und im ausgeschalteten Backofen weitere 5 Minuten ruhen lassen. Das Brot komplett auskühlen lassen und für die Wanderung in eine Papiertüte packen.

TIPP

Wenn das Zupfbrot vegan sein soll, den Käse im Pesto durch weitere 20–30 g Kürbiskerne ersetzen.

Hirsesalat

mit Sellerie und Trauben

Ein unkomplizierter knackiger Herbstsalat mit fruchtiger Note. Schmeckt auch lecker zum Grillen oder zum Abendessen mit gebratenem Halloumi. Und wer keine Hirse mag: Der Salat gelingt genauso gut mit Quinoa, Couscous und Bulgur.

CA. 30 MINUTEN

FÜR 2 PERSONEN

150 g Hirse
Salz
3 Stangen Staudensellerie
½ Salatgurke
300 g rote Trauben
1 Bund glatte Petersilie
50 g Pekannüsse (oder Walnusskerne)
3 EL Leinöl
3 EL Zitronensaft
1 TL Ahornsirup
frisch gemahlener schwarzer Pfeffer

Außerdem

1 runde oder eckige Lunchbox à ca. 1,2 l

ZUBEREITUNG

Die Hirse nach Packungsangabe in Salzwasser garen und abtropfen lassen. Den Sellerie waschen, falls nötig längs halbieren, dann in etwa 0,5 cm breite Stücke schneiden. Die Gurke waschen und in etwa 1–2 cm große Stücke schneiden. Die Trauben waschen und halbieren. Die Petersilie waschen und die Blättchen samt den feinen Stielen mittelfein hacken. Dann alles in einer Schüssel miteinander vermischen.

Die Nüsse in einer Pfanne ohne Fett anrösten, bis sie duften, dann grob hacken und zugeben.

Für das Dressing das Öl mit dem Zitronensaft und dem Ahornsirup in einer Schale oder einem Schraubglas gut miteinander vermischen, mit Salz und Pfeffer würzen und unter den Salat mischen. Den Salat für die Wanderung in die Lunchbox umfüllen und bis zum Transport kühl stellen.

Milchreis
mit Kurkuma-Quittenmus

Ein klassischer Milchreis schmeckt warm und kalt und eignet sich daher auch gut zum Mitnehmen. Wer keine Quitten findet, kann das Kompott auch aus festen Birnen zubereiten: Dafür die Zuckermenge etwas reduzieren und die Garzeit auf etwa 10–15 Minuten verkürzen.

CA. 25 MINUTEN + 10 MINUTEN WARTEZEIT

FÜR 2–3 PERSONEN

Milchreis
400 ml Milch (oder Mandeldrink)
2 EL Rohrohrzucker
1 Prise Salz
1 Zimtstange
125 g Milchreis
1 unbehandelte Zitrone

Quittenmus
1 große Quitte (ca. 350 g)
50 g Rohrohrzucker
2 EL Zitronensaft
½ TL gemahlener Zimt
½ TL gemahlene Kurkuma

Außerdem
2–3 Schraubgläser à ca. 200–300 ml

ZUBEREITUNG

Für den Milchreis die Milch in einem mittelgroßen Topf mit dem Zucker, dem Salz und der Zimtstange aufkochen. Den Reis unter Rühren einrieseln lassen und bei niedriger Temperatur abgedeckt etwa 25 Minuten köcheln lassen, dabei gelegentlich umrühren.

Inzwischen für das Mus die Quitte vierteln, schälen, entkernen und die Viertel in etwa 2 cm große Stücke schneiden. Zusammen mit dem Zucker, dem Zitronensaft und 150 ml Wasser in einem kleinen Topf aufkochen und bei mittlerer Temperatur im halb aufgedeckten Topf etwa 20 Minuten garen, bis die Quittenstücke weich sind. Den Zimt und die Kurkuma zum Schluss zugeben, alles mit dem Stabmixer fein pürieren und abkühlen lassen.

Weiter geht es mit dem Milchreis: Den Topf vom Herd nehmen. Die Zitrone heiß abwaschen, ½ TL Schale fein abreiben und zugeben. Den Milchreis abgedeckt weitere 10 Minuten ausquellen lassen, dann auf die Schraubgläser verteilen. Wenn der Milchreis komplett abkühlt ist, das Quittenmus darauf verteilen und die Gläser bis zum Transport kühl stellen.

Kürbis-Zitronen-Tarte

Kürbis schmeckt auch in Desserts und Kuchen wunderbar. Vor allem in Kombination mit Zitronen oder Orangen wie in dieser zitronigen Tarte kommt das Herbstgemüse toll zur Geltung – probiert es aus!

CA. 50 MINUTEN + 45 MINUTEN WARTEZEIT

ERGIBT CA. 8 STÜCKE

Teig
50 g kalte Butter plus Butter für die Form
20 g Rohrohrzucker
100 g Weizenmehl Type 405
1 Prise Salz
1 Eigelb

Belag
¼ Hokkaido-Kürbis (ca. 250 g)
1 EL Butter
100 g Schlagsahne
50 g Rohrohrzucker
1 Ei
1 unbehandelte Zitrone
1 Prise Muskatnuss
1 Prise gemahlener Zimt
1 Prise gemahlener Kardamom

Außerdem
1 eckige Tarteform à ca. 11 × 33 cm
1 eckige Lunchbox à ca. 1,2 l

ZUBEREITUNG

Für den Teig die Butter grob würfeln und in einer Rührschüssel mit dem Zucker, dem Mehl, dem Salz, dem Eigelb und 1 EL kaltem Wasser zügig zu einem glatten Teig verkneten. Die Form fetten und den Teig gleichmäßig hineindrücken, dabei einen etwa 2–3 cm hohen Rand formen. Den Boden mit einer Gabel mehrmals einstechen und mindestens 30 Minuten kühl stellen.

Inzwischen für den Belag den Kürbis waschen, vierteln, entkernen und etwa 2 cm groß würfeln. Die Butter in einem kleinen Topf zerlassen und den Kürbis darin bei mittlerer Temperatur 5 Minuten anbraten. Die Sahne zugießen und den Kürbis abgedeckt bei niedriger Temperatur etwa 15 Minuten garen, bis er weich ist.

Den Backofen auf 180 °C vorheizen. Die Kürbismischung mit dem Stabmixer fein pürieren und den Zucker unterrühren. Die Masse leicht abkühlen lassen und das Ei unterrühren. Die Zitrone heiß abwaschen, die Schale fein abreiben und den Saft auspressen (etwa 40 ml), beides unter das Kürbispüree mischen und das Ganze mit Muskat, Zimt und Kardamom würzen. Die Kürbismischung gleichmäßig auf dem Teigboden verteilen und die Tarte auf der untersten Schiene etwa 35–40 Minuten backen.

Die Tarte komplett auskühlen lassen, dann in Stücke schneiden und für die Wanderung in die Lunchbox packen.

Zwetschgen-Tiramisu

Wenn im Spätsommer und Herbst endlich die Zwetschgen reif sind, gibt es die leckeren Früchtchen bei mir im Streuselkuchen, als Aufstrich oder in dieser leckeren Tiramisu-Variante. Wenn das Dessert nicht als Wanderproviant dienen soll, könnt ihr es auch klassisch in eine Auflaufform schichten.

CA. 35 MINUTEN

FÜR 4 PERSONEN

250 g reife Zwetschgen
½ TL gemahlener Zimt
125 g Mascarpone
1 EL Zitronensaft
1–2 EL Puderzucker
100 g Schlagsahne
125 g Löffelbiskuits
50 ml starker Kaffee
2 EL Amaretto
1–2 EL Backkakao zum Bestäuben

Außerdem
4 Schraubgläser à ca. 200 ml
1 kleine Kühltasche mit Kühlakkus (optional)

ZUBEREITUNG

Die Zwetschgen waschen, halbieren, entkernen und etwa 1 cm groß würfeln. Mit dem Zimt in einer Schale vermischen. Den Mascarpone mit dem Zitronensaft, 1 EL Wasser und dem Puderzucker in einer Schüssel glatt rühren. Die Sahne in einem Mixbehälter mit den Quirlen des Handrührers steif schlagen und unter die Mascarponecreme heben.

Die Schraubgläser auf der Arbeitsfläche nebeneinander stellen. Die Löffelbiskuits jeweils in der Mitte durchbrechen. Den Kaffee abkühlen lassen und mit dem Amaretto in einer flachen Schale mischen. Die Hälfte der Löffelbiskuits nacheinander mit der zuckrigen Seite für wenige Sekunden hineintauchen, dann gleichmäßig auf die Gläser verteilen. Mit einem Teelöffel etwas flach drücken. Darauf die Hälfte der Zwetschgen platzieren und die Hälfte der Creme darauf verteilen. Den Vorgang noch einmal wiederholen und zum Schluss jede Portion mit Kakao bestäuben. Die Gläser bis zum Transport kühl stellen und an warmen Tagen am besten in einer kleinen Kühltasche mit Kühlakkus transportieren.

Walnuss-Brownies

mit Seidentofu

Schön saftige und schokoladige Brownies gelingen auch wunderbar ohne Eier. Mit etwas Sojamehl für die Bindung und Seidentofu für die Feuchtigkeit sind diese nussigen Küchlein zudem ganz schnell gemacht.

CA. 20 MINUTEN + 25 MINUTEN BACKZEIT + ZEIT ZUM ABKÜHLEN

ERGIBT
8–12 BROWNIES

125 g vegane Margarine
150 g Zartbitterschokolade
200 g Dinkelmehl Type 630
125 g Rohrohrzucker
½ TL Backpulver
2 Prisen Salz
50 g Backkakao
200 g Seidentofu
2 EL Sojamehl
100 g Walnusskerne

Außerdem
1 eckige Back- oder Auflaufform à ca. 15 × 20 cm
1 eckige Lunchbox à ca. 1,2 l

ZUBEREITUNG

Die Margarine grob würfeln und in einen kleinen Topf geben. Die Schokolade grob hacken, zugeben und alles bei niedriger Temperatur unter gelegentlichem Rühren schmelzen. Anschließend leicht abkühlen lassen. Das Dinkelmehl mit dem Zucker, dem Backpulver, dem Salz und dem Kakao in einer Rührschüssel vermischen. Den Seidentofu in einer Schüssel glatt rühren. Das Sojamehl mit 4 EL kaltem Wasser in einem Schälchen ebenfalls glatt rühren. Den Backofen auf 200 °C vorheizen.

Die Schokoladenmasse, den Seidentofu und das glatt gerührte Sojamehl zur Mehl-Mischung geben und alles zügig miteinander vermengen. Etwa zwölf Walnusshälften zur Seite legen, den Rest grob hacken und unter den Teig heben. Die Backform mit Backpapier auslegen, den Teig gleichmäßig hineinfüllen und mit den zur Seite gelegten Walnusskernen belegen. Die Brownies 25 Minuten backen, dann falls nötig noch weitere 5 Minuten im ausgeschalteten Ofen lassen. Bei Zimmertemperatur abkühlen lassen und anschließend im Kühlschrank etwa 1–2 Stunden durchkühlen.

Den Kuchen in acht bis zwölf gleich große Stücke teilen und für die Wanderung in die Lunchbox packen.

Winter

Rote-Bete-Suppe

mit Kokosmilch

Die würzig wärmende Suppe ist aus wenigen Zutaten schnell gemacht und schmeckt unterwegs, im Thermo-Essensbehälter eingepackt, besonders gut.

CA. 1 STUNDE

FÜR 2 PERSONEN

4 Rote Beten (ca. 600 g)
2 Stängel Zitronengras
1 Zwiebel
1 Knoblauchzehe
1 rote Chilischote
1 EL Kokosöl (oder Bratöl)
200 ml Kokosmilch
Salz
1–2 EL Limettensaft

Zum Servieren
schwarze Sesamsamen (optional)
1 Handvoll Korianderblätter (optional)

Außerdem
1 Thermo-Essensbehälter à ca. 700 ml
1 Schale zum Umfüllen (optional)

ZUBEREITUNG

Die Rote Bete schälen und etwa 2 cm groß würfeln. Das Zitronengras putzen und nur die hellen Teile fein hacken. Die Zwiebel und den Knoblauch abziehen und fein würfeln. Die Chilischote waschen, längs halbieren, auf Wunsch entkernen, dann fein würfeln. Das Öl in einem mittelgroßen Topf erhitzen und das Zitronengras mit Zwiebeln, Knoblauch und Chili darin 3 Minuten bei mittlerer Temperatur anschwitzen. Die Rote Bete zugeben und 3 Minuten mitbraten. Mit der Kokosmilch und 300 ml Wasser aufgießen, salzen und das Ganze abgedeckt etwa 40 Minuten bei mittlerer Temperatur kochen lassen.

Zum Schluss mit dem Stabmixer fein pürieren, mit dem Limettensaft abschmecken und noch heiß in den Thermo-Behälter umfüllen. Wer mag, kann die Suppe mit Sesam und Koriander garnieren.

TIPP

Packt zur Suppe am besten auch ein halbes Baguette oder ein Fladenbrot mit in den Rucksack. Und warum nicht gleich die doppelte Menge der Suppe zubereiten: So hat man gleich ein schnelles Mittag- oder Abendessen für den nächsten Tag.

Sauerkrauthörnchen

mit Currydip

Meine liebste Art Sauerkraut zu essen: in kleine Teighörnchen gewickelt, dazu ein würziger Dip. Der deftige Snack schmeckt unterwegs genauso gut wie als Teil eines Fingerfood-Buffets.

CA. 50 MINUTEN + 20 MINUTEN BACKZEIT

ERGIBT 16 HÖRNCHEN

Hörnchen
350 g Sauerkraut
1 Zwiebel
1 EL Butter
1 Lorbeerblatt
1 TL getrockneter Majoran
1 TL Kümmelsamen
Salz
frisch gemahlener schwarzer Pfeffer
1 Prise Rohrohrzucker
1 Packung Pizzateig aus dem Kühlregal (ca. 550 g)
100 g Frischkäse
1 Eigelb
2 TL Schwarzkümmelsamen

Dip
100 g Frischkäse
150 g Joghurt
1 unbehandelte Orange
1 EL Olivenöl
1–2 TL Currypulver
1 TL flüssiger Honig

Außerdem
1 Lunchbox à ca. 1,2 l oder 1 Papiertüte
1 Schraubglas à ca. 300 ml

ZUBEREITUNG

Für die Hörnchen das Sauerkraut leicht abtropfen lassen. Die Zwiebel abziehen und fein würfeln. Die Butter in einem mittelgroßen Topf zerlassen und die Zwiebeln darin etwa 3 Minuten anschwitzen. Das Sauerkraut mit dem Lorbeerblatt, dem Majoran und den Kümmelsamen zugeben und alles aufgedeckt etwa 5 Minuten unter gelegentlichem Rühren erhitzen. Das Sauerkraut mit Salz, Pfeffer und Zucker abschmecken.

Den Backofen auf 200 °C vorheizen. Ein Blech mit Backpapier auslegen. Den Pizzateig in acht gleich große Rechtecke schneiden und diese diagonal halbieren. Jedes Dreieck gleichmäßig dünn mit dem Frischkäse bestreichen und mit dem Sauerkraut belegen. Von der breiteren Basis aus zur schmalen Spitze hin kompakt aufrollen und auf dem vorbereiteten Blech verteilen, dabei die Enden leicht nach unten biegen, sodass die typische Hörnchenform entsteht. Das Eigelb in einer kleinen Schale mit 1 TL Wasser verquirlen und die Hörnchen gleichmäßig damit bestreichen. Mit dem Schwarzkümmel bestreuen und etwa 20–25 Minuten backen, bis der Teig goldbraun ist. Die Hörnchen abkühlen lassen.

Für den Dip den Frischkäse mit dem Joghurt glatt rühren. Die Orange heiß abwaschen, ½ TL Schale abreiben und zugeben. 2 EL Saft auspressen und mit dem Öl, dem Currypulver und dem Honig zugeben. Den Dip mit Salz und Pfeffer abschmecken, in ein Schraubglas füllen und bis zum Transport kühl stellen.

Für die Wanderung die Hörnchen in die Lunchbox oder in eine Papiertüte packen. Mit dem Dip servieren.

Sushi-Sandwiches

Sushi mal anders – als Sandwich mit einer Füllung aus mariniertem Tofu, eingelegtem Rettich und Avocado. Ist schneller gemacht als die kleinen Sushi-Röllchen und schmeckt mindestens genauso gut!

CA. 1 STUNDE + 1 STUNDE WARTEZEIT

ERGIBT
4 SANDWICHES

250 g Sushireis
Salz
50 ml + 4 EL Reisessig
2 TL Rohrohrzucker
150 g Tofu
4 EL Sojasauce
4 Prisen Chilipulver
½ Rettich
½ TL gemahlene Kurkuma
4 Nori-Algenblätter
4 TL vegane Mayonnaise
1 Avocado

Außerdem
1 eckige Lunchbox à 1,2 l

ZUBEREITUNG

Den Sushireis in einem Sieb unter fließendem Wasser gut waschen und nach Packungsangabe in Salzwasser garen. In einem kleinen Schälchen 50 ml Reisessig mit 2 Prisen Salz und 1 TL Zucker verrühren, bis sich der Zucker auflöst. Den fertig gegarten Reis zum Abkühlen in eine Schüssel umfüllen und mit der Essigmischung vermengen.

Den Tofu abtropfen lassen und quer in acht gleich große Scheiben schneiden. Die Sojasauce in einer flachen Schale oder Auflaufform mit 1 EL Reisessig, ½ TL Zucker und 2 Prisen Chilipulver verrühren. Die Tofuscheiben nebeneinander hineinlegen und mindestens 1 Stunde marinieren, dabei alle 15 Minuten wenden.

Den Rettich schälen und in etwa 2–3 mm dicke Scheiben schneiden. In einer Schüssel die Kurkuma mit 2 EL Reisessig, 1 Prise Salz und ½ TL Zucker verrühren. Die Rettichscheiben darin schwenken und mindestens 30 Minuten durchziehen lassen.

Die Noriblätter mit der glatten Seite nach unten diagonal auf die Arbeitsfläche legen, sodass die Ecken nach oben und unten gerichtet sind. Darauf mit angefeuchteten Händen je ⅛ der Reismischung verteilen und kompakt mittig zu einem Viereck zusammendrücken, dabei etwa 5 cm Rand zu den Ecken hin frei lassen. Die Reis-Vierecke gleichmäßig mit der Mayonnaise bestreichen und mit dem restlichen Chilipulver bestreuen. Mit je etwa vier Rettichscheiben belegen und darauf je zwei Tofuscheiben platzieren. Die Avocado vierteln, entkernen, schälen und jedes Viertel längs in etwa vier bis fünf dünne Scheiben schneiden. Die Avocadoscheiben auf dem Tofu verteilen. Darauf je ⅛ der restlichen Reismischung verteilen, die Noriblätter-Ecken darüberschlagen und leicht festdrücken. Die Sushi-Päckchen fest in Frischhaltefolie wickeln, mit einem großen scharfen Messer halbieren und für den Transport in die Lunchbox packen.

Bunter Glasnudelsalat

Eine besonders leckere Möglichkeit, um sich vitaminreich durch den Winter zu schlemmen, ist dieser bunte Salat aus knackigem Rotkohl, Karotten und Edamame mit asiatisch-würzigem Dressing.

CA. 25 MINUTEN

FÜR 2 PERSONEN

Salat
¼ Rotkohl (ca. 180 g)
1 Karotte
1 Frühlingszwiebel
100 g TK-Edamame (oder Erbsen)
50 g Glasnudeln
2 Handvoll geröstete gesalzene Erdnüsse
1 Bund Koriander

Dressing
1 walnussgroßes Stück Ingwerknolle
1 rote Chilischote
1 Knoblauchzehe
50 ml Kokosmilch
2 EL Sojasauce
1 TL geröstetes Sesamöl
1 unbehandelte Limette

Außerdem
1 Lunchbox à ca. 1,2 l

ZUBEREITUNG

Für den Salat den Rotkohl waschen, vierteln, den Strunk entfernen und das Viertel quer in feine Streifen schneiden. Die Karotte schälen und in feine Juliennestreifen schneiden. Die Frühlingszwiebel waschen und in feine Röllchen schneiden. Die Edamame mit den Glasnudeln etwa 5 Minuten in einem Topf in kochendem Salzwasser garen, dann in ein Sieb abgießen, kalt abspülen und mit dem Gemüse in einer Schüssel vermischen. Die Erdnüsse grob hacken und untermischen. Den Koriander waschen, die Blättchen grob hacken und unterrühren.

Für das Dressing den Ingwer schälen und fein reiben. Die Chilischote waschen, längs halbieren, auf Wunsch entkernen, dann fein würfeln. Den Knoblauch abziehen und fein würfeln. Alles mit der Kokosmilch, der Sojasauce und dem Sesamöl in einem Schälchen verrühren. Die Limette heiß abwaschen, ½ TL Schale fein abreiben und 2 EL Saft auspressen. Beides unter das Dressing mischen. Den Salat mit dem Dressing vermischen und für den Transport in die Lunchbox füllen.

Grünkernbällchen

mit Senf-Dill-Dip und Karottensalat

Die nussigen Bällchen aus Grünkern sind ein tolles Fingerfood, eignen sich mit einem schnellen Salat aber ebenso gut als Lunch to go.

CA. 1 STUNDE + 30 MINUTEN WARTEZEIT

FÜR 2–3 PERSONEN

Bällchen
200 g Grünkernschrot
1 Zwiebel
1 Knoblauchzehe
5 EL Bratöl
2 EL Semmelbrösel
2 EL Sojasauce
1 EL Tomatenmark
1 TL getrockneter Liebstöckel
Salz
frisch gemahlener schwarzer Pfeffer

Dip und Salat
150 g veganer Frischkäse (z. B. auf Haferbasis)
2 TL scharfer Senf
1 TL Ahornsirup
½ Bund Dill plus Dill für die Garnitur (optional)
3 Karotten
1 EL Leinöl
1 EL Zitronensaft
2 EL Sonnenblumenkerne

Außerdem
1 Lunchbox à ca. 1,2 l
1 Schraubglas à ca. 250 ml

ZUBEREITUNG

Für die Bällchen den Grünkernschrot mit 400 ml Wasser in einem mittelgroßen Topf aufkochen, 1 Minute kochen und dann auf der ausgeschalteten Herdplatte abgedeckt etwa 20 Minuten quellen lassen. Falls noch Flüssigkeit übrig ist, bei niedriger Temperatur unter Rühren kochen lassen, bis die Flüssigkeit verdampft ist. Die Zwiebel und den Knoblauch abziehen und fein würfeln. 1 EL Öl in einer kleinen Pfanne erhitzen und die Zwiebel- und Knoblauchwürfel darin bei mittlerer Hitze hellbraun anschwitzen. Mit den Semmelbröseln, der Sojasauce, dem Tomatenmark und dem Liebstöckel unter den Grünkernschrot mischen. Die Masse mit Salz und Pfeffer abschmecken und mindestens 30 Minuten kühl stellen.

Inzwischen für den Dip den Frischkäse mit 2–3 EL Wasser, dem Senf und dem Ahornsirup glatt rühren. Den Dill waschen, die Spitzen fein hacken und zugeben. Den Dip mit Salz und Pfeffer würzen, in ein Schraubglas füllen und bis zum Transport kühl stellen.

Für den Salat die Karotten schälen und grob raspeln. Mit dem Öl und dem Zitronensaft mischen und mit Salz und Pfeffer würzen. Die Sonnenblumenkerne in einer kleinen Pfanne ohne Fett goldbraun anrösten und zugeben.

Weiter geht es mit den Grünkernbällchen: Aus der Grünkernmasse etwa 20 Bällchen von etwa 3–4 cm Durchmesser formen. Das restliche Öl in einer großen Pfanne erhitzen und die Bällchen darin bei mittlerer Temperatur etwa 10 Minuten rundherum goldbraun braten. Auf Küchenpapier abtropfen lassen.

Für den Transport die Grünkernbällchen mit dem Karottensalat in die Lunchbox füllen, auf Wunsch mit Dill garnieren. Zusammen mit dem Senf-Dill-Dip servieren.

TIPP

In Italien legt man gerne altbackenes Ciabatta oder Brot in die Suppe, bis es komplett durchweicht ist. Dadurch wird die Suppe sehr sämig. Wer das nicht mag, kann für die Wanderung frische oder geröstete Ciabattascheiben separat in einer Papiertüte mitnehmen.

Ribollita

Toskanische Kohlsuppe mit Bohnen

Diese klassische Wintersuppe wird traditionell mit Palmkohl zubereitet – wenn ihr welchen auf dem Markt sichtet: Greift zu! Ansonsten passt auch wie hier im Rezept Wirsing gut, oder Grünkohl. Übersetzt bedeutet Ribollita »die Wiederaufgewärmte«, da sie nach ein oder zwei Tagen nochmal aufgewärmt am allerbesten schmeckt.

CA. 45 MINUTEN

FÜR 4 PERSONEN

1 Zwiebel
2 Knoblauchzehen
2 Stangen Staudensellerie
1 Stange Lauch
2 Karotten
¼ Wirsing (ca. 200 g)
4 Zweige Thymian
2 EL Oliven-Bratöl
1 Glas weiße Bohnen (ca. 240 g Abtropfgewicht)
1 EL Tomatenmark
½ Dose stückige Tomaten (ca. 200 g)
1 Stück Käserinde + 25 g Montello (oder Parmesan, optional)
Salz
frisch gemahlener, schwarzer Pfeffer
1 EL Balsamico-Essig
¼ altbackenes Ciabatta
4 EL Olivenöl zum Beträufeln (optional)

Außerdem
2 Thermo-Essensbehälter à ca. 700 ml
1 Schraubglas à ca. 50–100 ml (optional)

ZUBEREITUNG

Die Zwiebel und den Knoblauch abziehen und fein würfeln. Den Sellerie waschen und in etwa 0,5 cm dicke Scheiben schneiden. Den Lauch längs halbieren, waschen und ebenfalls in etwa 0,5 cm dicke Stücke schneiden. Die Karotten schälen und etwa 1–2 cm groß würfeln. Den Wirsing waschen, den Strunk entfernen und das Viertel quer in feine Streifen schneiden. Den Thymian waschen, die Blättchen grob hacken.

Das Öl in einem mittelgroßen Topf erhitzen. Das Gemüse mit dem Thymian darin unter gelegentlichem Rühren etwa 7 Minuten bei mittlerer Temperatur anbraten. Inzwischen die Bohnen in einem Sieb kalt abspülen, dann abtropfen lassen und die Hälfte der Bohnen in einem Mixbehälter fein pürieren.

Das Tomatenmark, die stückigen Tomaten, 350 ml Wasser, die unpürierten Bohnen und die Käserinde zum Gemüse geben, salzen und abgedeckt etwa 15 Minuten kochen. Den Käse fein reiben und die Hälfte davon in die Suppe rühren. Die pürierten Bohnen ebenfalls unterrühren und alles weitere 5 Minuten bei niedriger Temperatur köcheln lassen. Mit Salz, Pfeffer und dem Essig abschmecken. Das Ciabatta in 1 cm dicke Scheiben schneiden und auf Wunsch auf die Suppe legen und weich werden lassen (siehe Tipp auf Seite 138).

Die Suppe noch heiß in die Thermo-Essensbehälter füllen und mit dem restlichen Käse bestreuen oder den Käse separat zum Bestreuen mitnehmen. Auf Wunsch das Olivenöl in einem kleinen Schraubglas für die Wanderung mitnehmen und die Suppe damit beträufeln.

Rote-Bete-Tarte

mit Blauschimmelkäse

Die kleine Tarte ist ideal für zwei bis vier Personen. Am besten die Hälfte warm zum Abendessen mit einem Feldsalat genießen und die andere Hälfte am nächsten Tag für die Wanderung einpacken.

CA. 50 MINUTEN + 1 STUNDE 15 MINUTEN WARTEZEIT

FÜR 1 SPRINGFORM À 20 CM Ø, ERGIBT 4–6 STÜCKE

Teig
125 g Weizenmehl Type 550
Salz
50 g kalte Butter plus Butter für die Form
1 Ei

Belag
2 Rote Beten (ca. 250 g)
2 festkochende Kartoffeln (ca. 100 g)
1 rote Zwiebel
1 TL Bratöl
1 EL Balsamico-Essig
frisch gemahlener schwarzer Pfeffer
150 g Crème fraîche
2 Eier
4 Zweige Thymian
100 g Blauschimmelkäse
Dill für die Garnitur (optional)

Außerdem
1 Springform à 20 cm Ø
1 Lunchbox à ca. 1,2 l

ZUBEREITUNG

Für den Teig das Mehl mit ¼ TL Salz in einer Rührschüssel mischen. Die Butter in Würfel schneiden und mit dem Ei sowie 1 EL kaltem Wasser zugeben. Alles von Hand zügig zu einem glatten Teig verkneten. Die Springform einfetten und den Teig gleichmäßig hineindrücken, dabei einen etwa 3 cm hohen Rand formen. Mit einer Gabel mehrmals einstechen und mindestens 30 Minuten kühl stellen.

Inzwischen für den Belag die Roten Beten in Salzwasser etwa 40 Minuten kochen. Anschließend abgießen, ausdampfen lassen, noch heiß pellen und in feine Scheiben schneiden. Die Kartoffeln schälen und ebenfalls in feine Scheiben schneiden. Die Zwiebel abziehen und fein würfeln. Das Öl in einer kleinen Pfanne erhitzen, die Zwiebeln darin etwa 5 Minuten anschwitzen und mit dem Essig ablöschen. Die Rote Bete mit den Kartoffeln und den Zwiebeln in einer Schüssel mischen, salzen und pfeffern.

Die Crème fraîche in einer Schüssel mit den Eiern verquirlen. Mit Salz und Pfeffer würzen. Den Thymian waschen, die Blättchen grob hacken und unterrühren.
Den Backofen auf 180 °C vorheizen. Den Tarteboden gleichmäßig mit dem Gemüse belegen. Den Käse grob würfeln und daraufgeben. Die Creme darübergießen und die Form eventuell auf ein Stück Backpapier setzen. Auf dem Ofenrost etwa 45 Minuten goldbraun backen.

Die Tarte abkühlen lassen, dann in vier bis sechs Stücke schneiden und mit Back- oder Butterbrotpapier dazwischen für den Transport in die Lunchbox packen. Auf Wunsch mit Dill garnieren.

Stulle

mit Steckrübenpuffern und Meerrettichcreme

Diese Puffer aus Steckrüben mit Kartoffeln schmecken auch kalt und eignen sich daher hervorragend für ein würziges Sandwich mit Apfel-Meerrettich-Hüttenkäse und Gewürzgurken. Eine tolle Brotzeit to go.

CA. 45 MINUTEN

ERGIBT 4 GROßE STULLEN

8 Scheiben Roggen-Kümmelbrot
1 Handvoll Rucola
ca. 8 Gewürzgurken-Scheiben

Puffer
½ Steckrübe (ca. 400 g)
3 festkochende Kartoffeln (ca. 300 g)
1 Zwiebel
1 Ei
2 EL Weizenmehl Type 550
Salz
frisch gemahlener schwarzer Pfeffer
1 TL getrockneter Majoran
2–4 EL Bratöl

Creme
200 g körniger Frischkäse (Hüttenkäse)
2 TL Meerrettich aus dem Glas
½ Bund Schnittlauch plus Schnittlauch zum Bestreuen (optional)
½ Apfel
1 EL Zitronensaft

Außerdem
1–2 eckige Lunchboxen à 1,2 l

ZUBEREITUNG

Für die Puffer die Steckrübe und die Kartoffeln schälen, grob raspeln und in eine Rührschüssel geben. Die Zwiebel abziehen, fein würfeln und mit dem Ei und dem Mehl untermischen. Die Puffermasse mit Salz, Pfeffer und Majoran würzen. Das Bratöl in einer großen Pfanne portionsweise erhitzen. Von der Puffermasse je 1–2 EL abnehmen, in die Pfanne geben und etwas flach drücken. Die Masse sollte acht bis zwölf Puffer ergeben. Die Puffer 10 Minuten braten, bis sie von beiden Seiten goldbraun sind. Auf Küchenpapier abtropfen lassen.

Für die Creme den Frischkäse mit dem Meerrettich in einer Schale verrühren. Den Schnittlauch waschen, in feine Röllchen schneiden und zugeben. Den Apfel entkernen, schälen, grob raspeln und zugeben. Die Meerrettichcreme mit dem Zitronensaft sowie Salz und Pfeffer abschmecken.

Vier Brotscheiben gleichmäßig mit der Creme bestreichen, den Rucola darauf verteilen, je zwei bis drei Puffer daraufsetzen, mit den Gewürzgurken belegen, auf Wunsch mit zusätzlichem Schnittlauch bestreuen und mit den restlichen Brotscheiben abdecken. Die Stullen für den Transport in Lunchboxen packen. Sind die Stullen etwas zu groß, halbiert man sie am besten.

Rosenkohl-Linsen-Bowl

mit Tempeh

Belugalinsen treffen hier auf gebratenen Rosenkohl, ofengeröstete Süßkartoffeln und gebratenen Tempeh, dazu gibt es ein schnell gemachtes Tahin-Dressing – wer mag, garniert die orientalisch inspirierte Bowl zusätzlich mit einer Handvoll Granatapfelkerne.

CA. 45 MINUTEN

FÜR 2 PERSONEN

Balsamico-Linsen
100 g Belugalinsen
Salz
1–2 EL Balsamico-Essig
½ TL getrockneter Thymian
1–2 Prisen Chiliflocken

Gemüse
1 Süßkartoffel (ca. 440 g)
2 EL Oliven-Bratöl
1 Prise Chiliflocken
400 g Rosenkohl
frisch gemahlener schwarzer Pfeffer
2 Prisen gemahlener Kreuzkümmel

Tempeh
100 g Tempeh
2 EL Oliven-Bratöl
2 EL Sojasauce
2 EL Limettensaft
½ TL Rohrohrzucker
1 Prise Chiliflocken

Dressing
50 g Tahin (Sesammus)
2 EL Zitronensaft
1 EL Olivenöl

Außerdem
1 Schraubglas à ca. 200 ml
1 runde Lunchbox à ca. 1,2 l

ZUBEREITUNG

Für die Balsamico-Linsen die Linsen in einem Sieb waschen und nach Packungsangabe bissfest kochen. Falls nötig abgießen, dann salzen und mit dem Essig, dem Thymian und den Chiliflocken vermischen.

Inzwischen den Backofen auf 200 °C vorheizen. Für das Gemüse die Süßkartoffel schälen, in etwa 2 cm große Stücke schneiden und in einer kleinen Auflaufform mit 1 EL Bratöl, Salz und Chiliflocken vermischen. Etwa 30 Minuten im Ofen rösten. Den Rosenkohl waschen, in kochendem Salzwasser etwa 5 Minuten blanchieren, in einem Sieb kalt abspülen, dann abtropfen lassen und in etwa 0,5 cm dicke Scheiben schneiden. Das restliche Bratöl in einer mittelgroßen Pfanne erhitzen und den Rosenkohl darin unter Rühren bei hoher Temperatur etwa 7 Minuten braten. Mit Salz, Pfeffer und Kreuzkümmel würzen.

Den Tempeh quer in etwa 3 mm dicke Scheiben schneiden. Das Öl in einer großen Pfanne erhitzen und den Tempeh darin bei mittlerer Temperatur etwa 7–10 Minuten unter gelegentlichem Wenden anbraten. Inzwischen die Sojasauce mit dem Limettensaft, dem Zucker und den Chiliflocken in einem Schälchen verrühren, den Tempeh damit ablöschen und die Flüssigkeit einkochen lassen, dabei die Tempehscheiben immer wieder wenden.

Für das Dressing das Tahin mit dem Zitronensaft, dem Öl und etwa 40 ml kaltem Wasser glatt rühren. Mit Salz und Pfeffer würzen und in ein Schraubglas füllen.

Die Linsen, den Rosenkohl und die Süßkartoffeln nebeneinander in die Lunchbox füllen und mit den Tempehscheiben belegen. Während der Wanderrast mit dem Dressing beträufelt servieren.

Pfannkuchenröllchen

mit Karotten-»Lachs«

Für den »Lachs« werden kurz gedämpfte Karottenstreifen mindestens zwei Tage in eine würzige Marinade eingelegt. Am besten gleich die doppelte bis dreifache Menge zubereiten: Schmeckt auch lecker zur morgendlichen oder abendlichen Brotzeit!

CA. 1 STUNDE + 2 TAGE WARTEZEIT

FÜR 2–3 PERSONEN

Karotten-»Lachs«
2 große Karotten (ca. 200 g)
1 EL Olivenöl
1 EL Leinöl
1 EL Weißweinessig
1 TL Sojasauce
Salz
½ TL geräuchertes Paprikapulver
½ Nori-Algenblatt (optional)

Rucolacreme
50 g Rucola
50 g Walnusskerne
75 g Crème fraîche (oder vegane Alternative)
1 EL Olivenöl
frisch gemahlener schwarzer Pfeffer

Pfannkuchen
150 g Weizenmehl Type 550
200 ml Haferdrink
100 ml Mineralwasser mit Kohlensäure
½ TL Backpulver
1 Prise gemahlene Kurkuma
4 EL Bratöl

Zum Bestreuen
2 EL Kapern (optional)

Außerdem
1 eckige Lunchbox à 800 ml–1,2 l

ZUBEREITUNG

Für den Karotten-»Lachs« die Karotten schälen und mit dem Sparschäler längs in dünne Scheiben schneiden. In einem Topf mit wenig Wasser im Dämpfeinsatz etwa 7–10 Minuten leicht bissfest garen. In eine flache Schale oder Auflaufform umfüllen und leicht abkühlen lassen. Für die Marinade beide Ölsorten mit dem Essig, der Sojasauce, ½ TL Salz und dem Paprikapulver verrühren. Falls verwendet, das Noriblatt grob hacken und untermischen. Die Karotten mit der Marinade vermischen, mit Frischhaltefolie oder einem Bienenwachstuch abdecken und mindestens 2 Tage marinieren.

Für die Rucolacreme den Rucola waschen und abtropfen lassen, dann zusammen mit den Walnüssen und der Crème fraîche mit dem Stabmixer fein pürieren. Das Öl unterrühren und die Creme mit Salz und Pfeffer würzig abschmecken. Bis zur Verwendung kühl stellen.

Für den Pfannkuchenteig das Mehl mit dem Haferdrink und dem Mineralwasser glatt rühren und mit 1 Prise Salz, dem Backpulver und der Kurkuma mischen. Etwa 15 Minuten ruhen lassen. Das Öl portionsweise in einer mittelgroßen Pfanne erhitzen und je 1 Kelle des Pfannkuchenteigs gleichmäßig in der Pfanne verteilen. Von jeder Seite etwa 2–3 Minuten bei mittlerer bis hoher Temperatur braten. Auf diese Weise nacheinander etwa sechs Pfannkuchen ausbacken. Solange sie noch warm sind, die Pfannkuchen mit der Rucolacreme bestreichen, mit etwa sechs Karotten-»Lachs«-Streifen mittig im unteren Drittel belegen und auf Wunsch mit Kapern bestreuen. Die Pfannkuchen aufrollen und in je drei bis vier gleich große Röllchen schneiden. Für die Wanderung nebeneinander in die Lunchbox setzen und bis zum Transport kühl stellen.

Brezeln

mit Obatzda

Den bayrischen Brotzeit-Klassiker esse ich am liebsten im Winter, wenn nach den Feiertagen noch allerhand Käse vom Brunch oder der Käseplatte übrig ist. Wer einen veganen Aufstrich bevorzugt: Die Brezeln schmecken auch super mit Rote-Bete-Pesto und dem Skordalia-Dip (siehe Seite 102).

CA. 45 MINUTEN + 1 STUNDE WARTEZEIT

ERGIBT 4 BREZELN

Brezeln

250 g Weizenmehl Type 550 plus Mehl für die Arbeitsfläche
¼ Würfel Hefe (ca. 10 g)
1 Prise Rohrohrzucker
Salz
1 EL Bratöl
1 Päckchen Natron (ca. 20 g)
grobes Meersalz (optional)

Obatzda

200 g cremig-würziger Camembert
80 g Frischkäse
1 kleine rote Zwiebel
½ TL Kümmelsamen
½ TL edelsüßes Paprikapulver
frisch gemahlener schwarzer Pfeffer
¼ Bund Schnittlauch

Außerdem

1 Schraubglas à ca. 300 ml
1 Papiertüte

ZUBEREITUNG

Für die Brezeln das Mehl in eine Rührschüssel geben und in die Mitte eine Mulde drücken. Die Hefe hineinkrümeln, mit dem Zucker bestreuen und mit 125 ml lauwarmem Wasser übergießen. Abgedeckt 15 Minuten ruhen lassen. Anschließend ½ TL Salz und das Öl zugeben und den Teig mit den Knethaken des Handrührers oder von Hand mindestens 5 Minuten kräftig zu einem homogenen Teig verkneten. Abgedeckt mindestens 45 Minuten an einem warmen Ort, bzw. bis der Teig sein Volumen deutlich vergrößert hat, gehen lassen.

Inzwischen für den Obatzda den Camembert in grobe Stücke schneiden und in eine Rührschüssel geben. Den Frischkäse zugeben. Die Zwiebel abziehen, halbieren, eine Hälfte fein würfeln und zugeben. Die andere Hälfte in feine Halbringe schneiden und zur Seite stellen. Die Kümmelsamen im Mörser mittelfein zerstoßen und mit dem Paprikapulver zum Käse geben. Alles mit einer Gabel cremig zerdrücken und mit Salz und Pfeffer abschmecken. Den Schnittlauch waschen, in feine Röllchen schneiden und unterrühren, dabei einige Röllchen für die Garnitur zu Seite legen. Den Obatzda in ein Schraubglas füllen, mit den zur Seite gestellten Zwiebelringen belegen und mit Schnittlauchröllchen garnieren, dann kühl stellen.

Weiter geht es mit den Brezeln: Ein Blech mit Backpapier auslegen. Den Teig auf der bemehlten Arbeitsfläche durchkneten, in vier gleich große Stücke teilen, jedes zu einem etwa 60 cm langen Strang rollen und zu einem Hufeisen formen. Beide Seiten zweimal ineinander verdrehen, dabei an den Enden etwa 7 cm frei lassen. Die Enden nach innen auf die Teigbasis drücken, sodass die typische Brezelform entsteht. 700 ml Wasser mit ½ TL Salz in einem mittelgroßen Topf aufkochen. Vom Herd nehmen, das Natron zugeben und aufschäumen lassen. Die Natronlauge auf die ausgeschaltete Herd-

platte stellen. Die Brezeln mit einer Schaumkelle nacheinander für etwa 20–30 Sekunden hineingleiten lassen. Anschließend auf das vorbereitete Blech legen und noch einmal mit etwas Natronlauge einpinseln. Falls gewünscht an der breiten Seite leicht einschneiden, dann mit Meersalz bestreuen.

Den Backofen auf 200 °C vorheizen. Die Brezeln etwa 20 Minuten backen, dann herausnehmen und abkühlen lassen. Für den Transport in eine Papiertüte packen. Für die Wanderrast mit dem Obatzda servieren.

Haselnussecken

mit Hagebuttenaufstrich

Nussecken gehören im Winter dazu: Statt der klassischen Aprikosenkonfitüre kommt bei diesen Ecken auf den mürben Teig eine Schicht Hagebuttenaufstrich, und darüber reichlich Haselnüsse.

CA. 45 MINUTEN + 30 MINUTEN BACKZEIT

ERGIBT CA. 2 NUSSECKEN

Teig
2 Eier
80 g Rohrohrzucker
1 EL Bourbon-Vanillezucker
300 g Weizenmehl Type 550
125 g kalte Butter plus Butter für das Backblech

Belag
6 EL Hagebutten-Fruchtaufstrich
200 g Haselnusskerne
180 g Butter
100 g Rohrohrzucker
1 Prise Salz
200 g gemahlene Haselnüsse

Zum Überziehen
200 g Zartbitterschokolade

Außerdem
1 eckige Lunchbox oder Plätzchendose

ZUBEREITUNG

Für den Teig die Eier mit dem Zucker und dem Vanillezucker schaumig verquirlen. Das Mehl und die Butter in Stückchen zugeben und alles von Hand zu einem glatten Teig verkneten. Das Backblech mit Butter einfetten. Den Teig daraufgeben und mit den Händen gleichmäßig flach drücken, sodass ein Rechteck von etwa 30 × 34 cm entsteht. Mit dem Hagebutten-Fruchtaufstrich bestreichen. Den Backofen auf 180 °C vorheizen.

Für den Belag die Nusskerne mit einem großen Messer mittelfein hacken. Die Butter mit dem Zucker, 5 EL Wasser und dem Salz in einem kleinen Topf zerlassen. Die gemahlenen und gehackten Nüsse gleichmäßig unterrühren und die Nussmischung auf dem mit Aufstrich bestrichenen Teig verteilen. Etwa 30 Minuten backen, bis die Oberfläche schön gebräunt ist, dann herausnehmen und 10 Minuten abkühlen lassen. Den Kuchen in etwa 16 gleich große Rechtecke schneiden und jeweils diagonal halbieren. Die Nussecken komplett auskühlen lassen.

Die Schokolade im Wasserbad schmelzen, falls nötig in eine kleine Schüssel umfüllen. Die Ecken der Nussschnitten kurz hineintauchen und dann abtropfen lassen. Alternativ die Nussecken mit der geschmolzenen Schokolade beträufeln. Die Nussecken auf ein Gitterrost legen, bis die Schokolade fest geworden ist. Für den Transport in eine Lunchbox oder Plätzchendose packen.

Orangen-Polenta-Kuchen

mit Zitronenthymian

Dieser saftige Orangenkuchen kommt ganz ohne Mehl aus und ist in Italien als Torta di Polenta bekannt. Besonders im Winter, wenn Orangen und Blutorangen im Mittelmeerraum Saison haben, bereite ich ihn gerne zu.

CA. 25 MINUTEN + 30 MINUTEN BACKZEIT

FÜR 1 SPRINGFORM À 20 CM Ø; ERGIBT CA. 6 STÜCKE

100 g weiche Butter plus Butter für die Form
100 g Rohrohrzucker
2 Eier
1 Bio-Orange
100 g Polenta (Maisgrieß)
100 g gemahlene Mandeln
1 Prise Salz
½ TL Backpulver
4 Zweige Zitronenthymian (oder Thymian)
2 EL Orangenmarmelade
1 EL Orangenlikör (optional)

Außerdem
1 Springform à 20 cm Ø
1 eckige Lunchbox à 1,2 l

ZUBEREITUNG

Den Backofen auf 180 °C vorheizen. Die Butter und den Zucker in einer Rührschüssel mit den Quirlen des Handrührers leicht schaumig schlagen und die Eier nacheinander unterrühren. Die Orange heiß abwaschen und 1 TL Schale fein abreiben, den Saft auspressen. Den Abrieb und 80 ml Saft unter den Teig mischen. Den restlichen Saft zur Seite stellen.

In einer weiteren Schüssel die Polenta mit den Mandeln, dem Salz und dem Backpulver vermischen. Den Thymian waschen, die Blättchen abstreifen und zugeben. Die Polentamischung kurz unter die Buttermischung rühren. Die Springform einfetten und den Teig gleichmäßig darin verteilen. Etwa 30–35 Minuten goldbraun backen.

Inzwischen die Orangenmarmelade mit 2 EL des restlichen Orangensaftes in einen kleinen Topf geben und kurz erhitzen, nach Wunsch den Orangenlikör unterrühren. Den heißen Kuchen mit der Mischung bestreichen, dann komplett auskühlen lassen. In Stücke schneiden und für den Transport mit Back- oder Butterbrotpapier dazwischen in die Lunchbox packen.

Bananenporridge

mit Zimt-Birnen

Ein warmer Porridge schmeckt an kühlen Wintertagen zum Frühstück besonders gut – am besten direkt an der ersten Raststation als Stärkung für die Wanderung genießen!

CA. 25 MINUTEN

FÜR 2 PERSONEN

Porridge
80 g kernige Haferflocken
200 ml Milch (oder pflanzliche Alternative)
1 Prise Salz
1 reife Banane

Topping
1 Handvoll Mandelkerne
1 Birne
1 EL Butter (oder vegane Margarine)
¼ TL gemahlener Zimt
1 Prise gemahlener Kardamom
1 Handvoll Granatapfelkerne

Außerdem
1 Thermo-Essensbehälter à ca. 700 ml
1 Schraubglas à ca. 400 ml
1 Schale zum Umfüllen (optional)

ZUBEREITUNG

Für den Porridge die Haferflocken in einem kleinen Topf ohne Fett unter Rühren etwa 3 Minuten anrösten. Die Milch, 250 ml Wasser und das Salz zugeben, aufkochen und den Porridge bei mittlerer Hitze unter Rühren etwa 10–15 Minuten kochen, bis die gewünschte Konsistenz erreicht ist. Die Banane schälen, mit einer Gabel zerdrücken und unterrühren. Den Porridge für den Transport in den Thermo-Essensbehälter umfüllen.

Für das Topping die Mandeln grob hacken und in einer Pfanne ohne Fett goldbraun rösten. Die Birne vierteln, entkernen, schälen und längs in feine Spalten schneiden. Die Butter in die Pfanne zu den Mandeln geben, zerlassen und die Birnenspalten darin unter gelegentlichem Wenden etwa 3 Minuten anbraten. Den Zimt und den Kardamom unterrühren. Etwas abkühlen lassen, die Granatapfelkerne untermischen und das Topping in ein Schraubglas umfüllen. Wer mag, füllt den Porridge während der Wanderrast in eine Schale um. Mit dem Topping garniert genießen.

Bratapfeltaschen

In den knusprigen Blätterteigtaschen verbirgt sich eine Füllung aus schnellem Bratapfelkompott – wer mag, kann sie zusätzlich mit Marzipan verfeinern! Die Teilchen schmecken warm aus dem Ofen köstlich, aber ebenso kalt auf der winterlichen Wanderung mit dem Lieblingstee oder einem Kakao aus der Thermoskanne.

CA. 25 MINUTEN + 35 MINUTEN WARTEZEIT

ERGIBT 4–6 TASCHEN

3 mittelgroße säuerliche Äpfel
3 EL Rohrohrzucker
½ TL gemahlener Zimt
1 EL Rosinen
2 EL Orangensaft
1 EL Rum
1 Packung Blätterteig aus dem Kühlregal (ca. 275 g)
1 Eigelb

Außerdem

1 eckige Lunchbox à ca. 1,2 l oder 1 Papiertüte

ZUBEREITUNG

Den Backofen auf 200 °C vorheizen. Die Äpfel schälen, vierteln, entkernen und die Viertel etwa 1,5 cm groß würfeln. Mit dem Zucker, dem Zimt, den Rosinen, dem Orangensaft und dem Rum in einer kleinen Auflaufform vermischen. Im Ofen etwa 15–20 Minuten backen, dabei nach der Hälfte der Zeit die Äpfel einmal durchmischen.

Ein Backblech mit Backpapier auslegen. Den Blätterteig auf der Arbeitsfläche auslegen und in acht bis zwölf gleich große Rechtecke schneiden. Das Eigelb in einer kleinen Schale mit 1 TL Wasser verquirlen. Die Hälfte der Teigrechtecke mit der Bratapfelmischung belegen, dabei rundherum einen etwa 1 cm breiten Rand frei lassen. Den Rand leicht mit Wasser bestreichen. Die unbelegten Teigstücke mit einem scharfen Messer diagonal mehrmals einschneiden, dann auf die belegten Teigstücke legen. Die Ränder mit den Zinken einer Gabel leicht andrücken. Die Apfeltaschen auf dem vorbereiteten Blech verteilen, gleichmäßig mit Eigelb bestreichen und im Ofen etwa 20 Minuten goldbraun backen. Abkühlen lassen.

Die Bratapfeltaschen für den Transport mit Back- oder Butterbrotpapier dazwischen in die Lunchbox packen oder in eine Papiertüte stecken.

Getränke und Snacks

Infused Water

aromatisiertes Wasser

Auf langen Wanderungen – vor allem im Sommer – müssen schon ein bis zwei Flaschen Wasser mit dabei sein. Interessanter schmeckt das Wasser mit Kräutern, Früchten & Co. aromatisiert.

JE CA. 5 MINUTEN + 1–2 STUNDEN WARTEZEIT

FÜR JE 1 FLASCHE À 500–750 ML

Rosmarin-Orange
1–2 Zweige Rosmarin
1 unbehandelte Orange
½–1 Stange Ceylon-Zimt

Basilikum-Himbeere
1 Stängel Basilikum
1 Handvoll Himbeeren
1 unbehandelte Zitrone

Minze-Gurke
1 Stängel Minze
¼ Salatgurke
1 walnussgroßes Stück Ingwerknolle

Außerdem
je 1 Flasche à 500–750 ml

ZUBEREITUNG

Für das Rosmarin-Orangen-Wasser den Rosmarin waschen und in eine Flasche stecken. Die Orange heiß abwaschen, zwei dünne Scheiben abschneiden und mit in die Flasche geben. Die Zimtstange durchbrechen und ebenfalls in die Flasche geben. Dann alles mit 500–750 ml stillem Wasser auffüllen und bis zum Transport kühl stellen.

Für das Basilikum-Himbeer-Wasser das Basilikum waschen und in eine Flasche stecken. Die Himbeeren verlesen, falls nötig vorsichtig waschen und zugeben. Die Zitrone heiß abwaschen, ein bis zwei dünne Scheiben abschneiden und zugeben. Alles mit 500–750 ml stillem Wasser auffüllen und bis zum Transport kühl stellen.

Für das Minze-Gurken-Wasser die Minze waschen und in eine Flasche stecken. Die Gurke waschen, in etwa zehn dünne Scheiben schneiden und zugeben. Den Ingwer schälen, in feine Scheiben schneiden und ebenfalls zugeben. Alles mit 500–750 ml stillem Wasser auffüllen und bis zum Transport kühl stellen.

Das aromatisierte Wasser schmeckt am besten, nachdem es etwa 1–2 Stunden durchgezogen ist.

Masala-Chai & Goldene Milch

Ob an kalten Frühlings- und Herbsttagen oder auf winterlichen Wanderungen: Am besten wärmt man sich zwischendurch mit einem heißen Getränk aus der Thermoskanne. Bei diesen einfachen Rezepten sorgen Gewürze wie Ingwer, Zimt & Co. für einen zusätzlichen Wärmeeffekt von innen.

JE CA. 15 MINUTEN

FÜR JE 1 THERMOSFLASCHE À CA. 1 L

Masala-Chai

1 walnussgroßes Stück Ingwerknolle
½ TL Fenchelsamen
¼ TL Gewürznelken
¼ TL Kardamomkörner
¼ TL schwarze Pfefferkörner
2 Sternanis
1 Stange Ceylon-Zimt
4 TL schwarzer Tee (z. B. Assam)
500 l Milch (oder Mandeldrink)
1 Prise Salz
2–3 EL Honig (oder Ahornsirup)

Goldene Milch

1 TL gemahlene Kurkuma
¼ TL frisch gemahlener schwarzer Pfeffer
¼ TL gemahlener Ingwer
1 TL Kokosöl
1 l Mandeldrink
1 TL Mandelmus
1 Prise gemahlener Zimt
1 Prise Bourbon-Vanillepulver
1 Prise Salz
1–2 TL Ahornsirup

Außerdem

je 1 Thermosflasche à ca. 1 l

ZUBEREITUNG

Für den Masala-Chai den Ingwer schälen und fein reiben. Zusammen mit den Fenchelsamen, den Gewürznelken, den Kardamom- und Pfefferkörnern, Sternanis und Zimt in einem Topf mit 600 ml Wasser aufkochen und bei niedriger Temperatur abgedeckt 10 Minuten köcheln lassen. Den Tee und die Milch zugeben, aufkochen und alles im geschlossenen Topf weitere 5 Minuten köcheln lassen. Mit Salz und Honig abschmecken. Den Tee durch ein Sieb in eine Thermosflasche gießen.

Für die goldene Milch die Kurkuma mit dem Pfeffer, dem Ingwer und 2–3 EL Wasser in einen Topf geben und bei niedriger Temperatur unter Rühren köcheln lassen, bis eine dickliche Paste entstanden ist. Das Öl unterrühren und 1 Minute mitrösten. Den Mandeldrink und das Mandelmus unterrühren und alles erhitzen, aber nicht aufkochen. Mit dem Zimt, der Vanille, dem Salz und dem Ahornsirup abschmecken. Die goldene Milch mit dem Stabmixer durchmixen und noch heiß in die Thermosflasche umfüllen.

Energiebällchen-Dreierlei

Die kleinen Bällchen bestehen lediglich aus Trockenfrüchten, Nüssen, Saaten oder Haferflocken, und mit Gewürzen lassen sie sich mannigfaltig variieren.

JE CA. 15 MINUTEN

ERGIBT JE CA. 15 BÄLLCHEN

Cashew-Mango-Bällchen
100 g Cashewkerne
50 g getrocknete Mangostreifen
100 g getrocknete Aprikosen
100 g Kokosraspel
1 unbehandelte Limette
1 Prise gemahlene Kurkuma
1 Prise gemahlener Kardamom

Erdnuss-Bananen-Bällchen
1 reife Banane
2 gehäufte EL Erdnussmus
1 EL Ahornsirup
100 g feine Haferflocken
50 g geröstete ungesalzene Erdnüsse
1 Prise Salz
1 EL Backkakao

Dattel-Mandel-Bällchen
200 g Medjoul-Datteln (etwa 8–10 Stück)
100 g Mandelkerne
100 g gemahlene Mandeln
1 EL Backkakao
1–2 TL Rosenwasser
½ TL gemahlener Zimt
1 Handvoll helle Sesamsamen

Außerdem
1 Lunchbox à ca. 1,2 l oder 1 Plätzchendose

ZUBEREITUNG

Für die Cashew-Mango-Bällchen die Cashewkerne in einen Multizerkleinerer oder in den Standmixer geben. Die Mangostreifen und die Aprikosen grob hacken und mit der Hälfte der Kokosraspeln zugeben. Die Limette heiß abwaschen, ½ TL Schale fein abreiben und 2 EL Saft auspressen. Beides mit der Kurkuma und dem Kardamom zugeben. Alles fein mixen und falls die Masse noch zu trocken ist, 1–2 EL Wasser zugeben. Mit angefeuchteten Händen aus der Masse etwa 15 Bällchen formen, in den restlichen Kokosraspeln wälzen und bis zum Transport kühl stellen.

Für die Erdnuss-Bananen-Bällchen die Banane schälen und in einer Schale mit einer Gabel fein zerdrücken. Mit dem Erdnussmus und dem Ahornsirup mischen. Die Haferflocken mit den Erdnüssen im Multizerkleinerer oder im Standmixer mittelfein mixen und mit dem Salz und dem Kakao unter die Bananenmischung rühren, falls nötig 1–2 EL Wasser zugeben. Mit angefeuchteten Händen aus der Masse etwa 15 Bällchen formen. Bis zum Transport kühl stellen.

Für die Dattel-Mandel-Bällchen die Datteln entkernen, grob hacken und mit den Mandelkernen im Multizerkleinerer oder Standmixer mittelfein mixen. Mit den gemahlenen Mandeln, dem Kakao, dem Rosenwasser und dem Zimt mischen, falls nötig 1–2 EL Wasser zugeben. Mit angefeuchteten Händen aus der Masse etwa 15 Bällchen formen, in dem Sesam wälzen und bis zum Transport kühl stellen.

Müsliriegel

mit Nüssen und Cranberrys

Die Basis von selbst gemachten Müsliriegeln oder Granola Bars bilden Haferflocken, die ihr nach Lust und Laune mit euren Lieblingsnüssen, -kernen oder -trockenfrüchten kombinieren könnt. Mit etwas Nussmus, Honig und Gewürzen verfeinert, liefern die Riegel schnell Energie für lange Wanderstrecken.

CA. 30 MINUTEN + 30 MINUTEN BACKZEIT

ERGIBT 6–8 MÜSLIRIEGEL

100 g kernige Haferflocken
100 g Mandelkerne
30 g Pistazienkerne
2 EL geschrotete Leinsamen
50 g getrocknete Cranberrys
60 g Honig (oder Ahornsirup)
60 g Mandelmus
2 TL Kokosöl
½ TL gemahlener Zimt
1 Prise Salz

Außerdem
1 Back- oder Auflaufform à ca. 15 × 20 cm
1 eckige Lunchbox à 1,2 l

ZUBEREITUNG

Den Backofen auf 180 °C vorheizen. Ein Blech mit Backpapier auslegen. Die Haferflocken auf einer Hälfte des Blechs verteilen. Die Mandeln mit den Pistazien grob hacken und auf der anderen Hälfte verteilen. Etwa 10 Minuten im Ofen rösten.

Inzwischen die Leinsamen in einer Schale mit 3 EL kaltem Wasser verrühren und etwa 10 Minuten quellen lassen. Die Cranberrys grob hacken. Den Honig mit dem Mandelmus und dem Kokosöl in einem kleinen Topf erhitzen und bei niedriger Temperatur glatt rühren, falls nötig 1–2 EL Wasser zugeben. Den Zimt und das Salz unterrühren. Die Honigmischung noch heiß mit den Haferflocken, den Nüssen, den Leinsamen und den Cranberrys verrühren, bis eine klebrige Mischung entsteht.

Die Backform mit Backpapier auskleiden. Die Müsliriegel-Masse gleichmäßig hineinfüllen und mit einem Esslöffel flach drücken. Im Ofen etwa 25–30 Minuten goldbraun backen, dann kurz abkühlen lassen und mit einem Brotmesser in sechs bis acht Riegel schneiden. Wer mag, wickelt jeden Riegel in ein kleines Stück Butterbrotpapier und fixiert es mit Küchengarn. Die Müsliriegel für die Wanderung in die Lunchbox packen.

Schokoladen-Cookies

Dieses Rezept für ultraschokoladige Cookies könnt ihr nach Belieben mit Nüssen und Gewürzen verfeinern. Statt Tonkabohne passen auch Zimt, Kardamom oder etwas Orangenabrieb sehr gut.

CA. 20 MINUTEN + 15 MINUTEN BACKZEIT

ERGIBT CA. 12 COOKIES

125 g weiche Butter
150 g Rohrohrzucker
1 Ei
¼ Tonkabohne (oder 1 Prise Vanille)
150 g Weizenmehl Type 550
50 g Backkakao
1 Prise Salz
1/3 TL Backpulver
100 g Zartbitter-Schokotröpfchen

Außerdem
1 Lunchbox à ca. 1,2 l oder 1 Plätzchendose

ZUBEREITUNG

Den Backofen auf 180 °C vorheizen. Ein Blech mit Backpapier auslegen.

Die Butter und den Zucker in einer Rührschüssel mit den Quirlen des Handrührers leicht schaumig schlagen, das Ei unterrühren und die Tonkabohne dazureiben.

Das Mehl mit dem Kakaopulver, dem Salz und dem Backpulver in einer weiteren Schüssel vermischen und kurz unter die Buttermischung rühren. Die Schokotröpfchen rasch unterkneten. Aus der Masse etwa 1–2 EL große Portionen entnehmen und zu etwa zwölf Bällchen formen. Mit etwa 5 cm Abstand zueinander auf das vorbereitete Blech setzen, etwas flach drücken und 12–15 Minuten backen. Herausnehmen und abkühlen lassen. Für den Transport in eine Lunchbox oder Plätzchendose packen.

TIPP

Statt Schokotröpfchen könnt ihr auch eure Lieblings-Zartbitterschokolade mittelgrob hacken und unterheben. Lust auf Triple-Chocolate-Cookies? Dann mischt Zartbitterschokoladenstücke mit Vollmilch und weißer Schokolade.

Tahin-Cookies

Die mürben Kekse mit dem intensiven Sesamgeschmack passen perfekt als Snack für zwischendurch mit einer Tasse Tee oder Kaffee.

CA. 20 MINUTEN + 45 MINUTEN WARTEZEIT

ERGIBT CA. 12 COOKIES

80 g Tahin (Sesammus, siehe Tipp)
1 gehäufter EL weiche Butter (ca. 20 g)
75 g Rohrohrzucker
1 Ei
100 g gemahlene Mandeln
50 g Weizenmehl Type 550
1 Prise Bourbon-Vanillepulver
1 Prise gemahlener Zimt
1 Prise Salz
3 EL helle Sesamsamen
2 EL schwarze Sesamsamen

Außerdem
1 Lunchbox à ca. 1,2 l oder 1 Plätzchendose

ZUBEREITUNG

Das Tahin mit der Butter und dem Zucker mit den Quirlen des Handrührers vermischen und das Ei unterrühren. In einer weiteren Schüssel die Mandeln mit dem Mehl, dem Vanillepulver, dem Zimt und dem Salz vermischen und mit den Händen zügig unter die Tahin-Mischung kneten, bis ein homogener Teig entstanden ist. Abgedeckt etwa 30 Minuten kühl stellen.

Den Backofen auf 180 °C vorheizen. Ein Backblech mit Backpapier auslegen. Beide Sesamsorten in einer Schüssel miteinander mischen. Aus dem Teig etwa zwölf walnussgroße Bällchen formen und in den Sesamsamen wälzen. Mit etwa 5 cm Abstand zueinander auf das vorbereitete Backblech setzen und etwas flach drücken. Etwa 15 Minuten goldbraun backen, dann auf einem Kuchengitter komplett auskühlen lassen. Die Cookies für den Transport in eine Lunchbox oder Plätzchendose packen.

TIPP

Am besten eignet sich für dieses Rezept helles Sesammus aus dem orientalischen Lebensmittelmarkt. Sollte sich zu viel Öl an der Oberfläche abgesetzt haben, einfach vor dem Gebrauch gut durchrühren.

Kräuter-Shortbread

Die Kekse erinnern mich an Wanderungen durch Schottland, wo das Gebäck sehr beliebt ist. Der buttrige Teig lässt sich gut mit Kräutern und Gewürzen aromatisieren. Rosmarin und Thymian passen sehr gut, ihr könnt aber auch wie in den Blondies (siehe Seite 84) Lavendel und Zitrone probieren, oder Orangenabrieb, Zimt und Zartbitter-Schokotröpfchen für eine winterliche Variante.

CA. 15 MINUTEN + 1 STUNDE WARTEZEIT

ERGIBT 8–10 SHORTBREAD-FINGERS

125 g weiche Butter (oder vegane Margarine)
60 g Rohrohrzucker
200 g Weizenmehl Type 550
2 Zweige Rosmarin
4 Zweige Thymian
1 Prise Salz
1 Prise Tonkabohne (oder Vanille)

Außerdem
1 kleine Back- oder Auflaufform à ca. 15 × 20 cm
1 Lunchbox à ca. 1,2 l oder 1 Plätzchendose

ZUBEREITUNG

Die Butter mit dem Zucker und dem Mehl in eine Rührschüssel geben. Den Rosmarin und den Thymian waschen, die Nadeln und Blättchen fein hacken und mit dem Salz und der Tonkabohne zugeben. 2 EL kaltes Wasser zugeben und alles mit den Händen zu einem glatten Teig verkneten. Die Backform mit dem Backpapier auskleiden und den Teig gleichmäßig hineindrücken. Mindestens 30 Minuten kühl stellen.

Den Backofen auf 180 °C vorheizen. Den Teig quer in etwa acht bis zehn gleich breite Stücke vorschneiden und mit einer Gabel mehrmals einstechen. Etwa 30–35 Minuten backen, dann im ausgeschalteten Ofen noch etwa 30 Minuten trocknen lassen. Herausnehmen, abkühlen lassen und die Shortbread-Fingers an den markierten Schnittstellen vorsichtig durchschneiden. Für Transport in einer Lunchbox oder Plätzchendose verstauen.

Appenzeller Biberli

Auf Wanderungen im wunderschönen Appenzeller Land waren die kleinen Lebkuchen mit der marzipanähnlichen Füllung meine treuen Begleiter. Das Originalrezept dafür wird streng gehütet, aber diese Version schmeckt ebenfalls sehr fein.

CA. 50 MINUTEN + 1 STUNDE 20 MINUTEN WARTEZEIT

ERGIBT CA. 45 BIBERLI

Teig
125 g Weizenvollkornmehl
125 g Weizenmehl Type 550 plus Mehl für die Arbeitsfläche
½ TL Backpulver
1 TL Lebkuchengewürz
1 TL gemahlener Zimt
1 Prise Salz
150 g Honig
75 g Rohrohrzucker
1 EL Rosenwasser

Füllung
150 g gemahlene Mandeln
50 g Honig
1 Eiweiß
1 TL Rosenwasser
1 unbehandelte Zitrone

Zum Bestreichen
2 EL Schlagsahne

Außerdem
1 eckige Lunchbox à 1,2 l oder 1 Plätzchendose

ZUBEREITUNG

Für den Teig beide Mehlsorten in einer Rührschüssel miteinander mischen. Das Backpulver, das Lebkuchengewürz, den Zimt und das Salz untermischen. Den Honig mit dem Zucker, dem Rosenwasser und 1 EL Wasser in einem kleinen Topf unter Rühren bei niedriger Temperatur erwärmen, bis sich der Zucker auflöst, dann zur Mehlmischung geben. Alles mit den Knethaken des Handrührers oder von Hand zu einem glatten Teig verkneten und abgedeckt mindestens 1 Stunde ruhen lassen.

Inzwischen für die Füllung die Mandeln in einer Rührschüssel mit dem Honig, dem Eiweiß, dem Rosenwasser und 1 EL Wasser vermischen. Die Zitrone heiß abwaschen, die Schale fein abreiben und zugeben. Alles zu einer marzipanähnlichen Masse verkneten und in vier gleich große Stücke teilen. Jedes Stück vorsichtig zu einer Rolle von etwa 1,5–2 cm Durchmesser formen.

Den Backofen auf 180 °C vorheizen. Ein Blech mit Backpapier auslegen. Jetzt den Teig auf der leicht bemehlten Arbeitsfläche zu einem etwa 0,5 cm dicken Quadrat à 28 × 28 cm ausrollen. In vier gleich breite Streifen schneiden. Je eine Mandelrolle mittig darauflegen und längs mit dem Teig umhüllen. Die Nahtstelle etwas festdrücken. Die Rollen mit der Naht nach unten auf die Arbeitsfläche legen und im Zickzack jeweils etwa 3–4 cm große Stücke abschneiden. Auf das vorbereitete Blech legen, mit der Sahne bestreichen und etwa 18 Minuten backen.

Die Biberli komplett abkühlen lassen und für den Transport in eine Lunchbox oder Plätzchendose packen.

Rosinen-Scones

mit Mascarponecreme und Orangenmarmelade

Darf bei keiner britischen Tea-Time fehlen: Scones mit Clotted Cream und Marmelade. Da Clotted Cream hierzulande recht schwer zu bekommen ist, gibt es stattdessen eine schnelle Mascarponecreme. Dazu den Earl-Grey aus der Thermoskanne nicht vergessen!

CA. 30 MINUTEN + 15 MINUTEN WARTEZEIT

ERGIBT 6–8 SCONES

Scones
250 g Weizenmehl Type 550 plus Mehl für die Arbeitsfläche
1 Prise Salz
1 TL Backpulver
3 EL Rosinen
1 Ei
100 g Schlagsahne
75 g kalte Butter

Creme
125 g Mascarpone
2 EL Puderzucker
1 EL Zitronensaft
100 g Schlagsahne

Zum Servieren
6–8 EL Orangenmarmelade

Außerdem
1 Ausstecher oder Glas à 6 cm Ø
2 Schraubgläser à 200–300 ml
1 Lunchbox à 1,2 l

ZUBEREITUNG

Für die Scones den Backofen auf 200 °C vorheizen. Ein Blech mit Backpapier auslegen. Das Mehl in einer Rührschüssel mit dem Salz, dem Backpulver und den Rosinen mischen. Das Ei, die Sahne und die Butter in kleinen Stückchen zugeben und alles rasch mit den Händen zu einem leicht krümeligen Teig verkneten. Auf der bemehlten Arbeitsfläche etwa 3–4 cm dick ausrollen und mit dem Ausstecher oder einem Glas Kreise à 6 cm Durchmesser ausstechen. Auf dem vorbereiteten Blech verteilen und im Ofen etwa 25 Minuten backen.

Inzwischen für die Creme den Mascarpone in einer Rührschüssel mit dem Puderzucker und dem Zitronensaft glatt rühren. Die Sahne in einer Rührschüssel mit den Quirlen des Handrührers steif schlagen und unterheben. Die Creme für den Transport in ein Schraubglas füllen und kühl stellen. Die Orangenmarmelade in ein weiteres Schraubglas füllen.

Die Scones abkühlen lassen, nach Wunsch in der Mitte halbieren und für den Transport in der Lunchbox verstauen. Mit Mascarponecreme und Marmelade bestrichen genießen.

Cantuccini

mit Mandeln und Pistazien

Die klassischen toskanischen Mandelkekse genießt man traditionell zu einem Vin Santo, einem Dessertwein, in den die Kekse getunkt werden. Für die Wanderung ist ein heißer Tee oder Kaffee aber bestimmt die bessere Wahl.

CA. 30 MINUTEN + 40 MINUTEN BACKZEIT

ERGIBT CA. 35 CANTUCCINI

2 Eier
125 g Rohrohrzucker
1 EL weiche Butter
250 g Weizenmehl Type 550 plus Mehl für die Arbeitsfläche
½ TL Backpulver
1 Prise Salz
1 Prise Bourbon-Vanillepulver
1 unbehandelte Zitrone
100 g blanchierte Mandelkerne
30 g Pistazienkerne

Außerdem
1 eckige Lunchbox à 1,2 l oder 1 Plätzchendose

ZUBEREITUNG

Den Backofen auf 180 °C vorheizen. Ein Blech mit Backpapier auslegen. Die Eier mit dem Zucker und der Butter in einer Rührschüssel mit den Quirlen des Handrührers schaumig rühren. Das Mehl, das Backpulver, das Salz und die Vanille zugeben und kurz unterrühren. Die Zitrone heiß abwaschen, die Schale fein abreiben und mit den Mandeln und den Pistazien gut unterkneten. Falls die Teigmischung zu klebrig ist, esslöffelweise noch etwas Mehl dazugeben.

Den Teig halbieren und auf der leicht bemehlten Arbeitsfläche jeweils zu einer etwa 30–35 cm langen Rolle formen. Auf das vorbereitete Blech legen und etwa 25 Minuten backen. Die Ofentemperatur auf 160 °C reduzieren und die Teigrollen auf der Arbeitsfläche leicht schräg in etwa 1,5 cm dicke Stücke schneiden. Die Stücke mit der Schnittfläche nach oben erneut auf das Blech legen und weitere 15 Minuten backen, bis die Cantuccini schön knusprig sind. Abkühlen lassen und für den Transport in eine Lunchbox oder Plätzchendose packen.

Register der Rezepte

Dank

Dass ich mit »Wanderproviant« ein zweites Kochbuchprojekt realisieren durfte, habe ich vor allem dem tollen Team des Christian-Verlags zu verdanken – insbesondere Johanna von Pechmann, die das Projekt von Anfang bis Ende unterstützt hat. Danke für das Vertrauen und die Freiheit, die Rezepte und Fotos nach meinen Wünschen zu gestalten.

Ein riesengroßer Dank gilt meinem Mann Klaus Bäsel, der mich auch bei diesem Kochbuch-Abenteuer tatkräftig bei der Food-Fotografie unterstützt hat und mir als treuer Proviant-Verkoster zur Seite stand. Danke, dass du mir geholfen hast, auch schwierige Phasen zu überstehen.

Zuletzt danke ich meinen Eltern Galina & Andrzej Plumbaum, meinem Bruder Artur Plumbaum & Daniela Stephan, Iris Exner, Elsa Franz & Jonas Roos, Christina Mayrhofer, Diána Zubán & Anish Raj Kathribail, Anke Rehfeld, Stefanie Licht und Daniel Schwalm. Danke, dass ihr mich auf den zahleichen Spaziergängen und Wanderungen begleitet habt, für die Freundschaft, die tollen Anregungen, die Ablenkung, die inspirierenden Gespräche und eure Geduld bei den Foto-Shootings unterwegs!

Über die Autorin

Anna Plumbaum ist freie Rezeptentwicklerin und Autorin. Sie arbeitete mehrere Jahre als Food-Redakteurin, bevor sie sich 2016 selbstständig machte.

Drei Jahre lang lebte sie in Kambodscha und erkundete von dort aus die spannenden Länder und quirligen Straßenküchen Südostasiens.

Ihr Fokus liegt auf der veganen und vegetarischen Küche, oft mit asiatischem Einschlag.
Über Reisen und kulinarische Entdeckungen bloggt sie auf **baernd.de**

Impressum

Verantwortlich: Johanna von Pechmann
Texte und Rezepte: Anna Plumbaum
Redaktion: Carmen Söntgerath
Umschlaggestaltung: Regina Degenkolbe
Layout: Helen Garner, Art und Weise
Repro: LUDWIG:media
Korrektorat: Dr. Brigitte Schnock
Herstellung: Anna Katavic

Printed in Slovakia by Neografia

★★★★★

Sind Sie mit diesem Titel zufrieden? Dann würden wir uns über Ihre Weiterempfehlung freuen. Erzählen Sie es im Freundeskreis, berichten Sie Ihrem Buchhändler oder bewerten Sie bei Onlinekauf. Und wenn Sie Kritik, Korrekturen, Aktualisierungen haben, freuen wir uns über Ihre Nachricht an: Christian Verlag, Postfach 40 02 09, D-80702 München oder per E-Mail an lektorat@verlagshaus.de

Unser komplettes Programm finden Sie unter: www.christian-verlag.de

Alle Angaben dieses Werkes wurden von der Autorin sorgfältig recherchiert und auf den neuesten Stand gebracht sowie vom Verlag geprüft. Für die Richtigkeit der Angaben kann jedoch keine Haftung übernommen werden, weshalb die Nutzung auf eigene Gefahr erfolgt. Sollte dieses Werk Links auf Webseiten Dritter enthalten, so machen wir uns die Inhalte nicht zu eigen und übernehmen für die Inhalte keine Haftung.

In diesem Buch wird aus Gründen der besseren Lesbarkeit das generische Maskulinum verwendet. Weibliche und anderweitige Geschlechteridentitäten werden dabei ausdrücklich mitgemeint, soweit es für die Aussage erforderlich ist.

Die Deutsche Nationalbibliothek verzeichnet diese Publikation in der Deutschen Nationalbibliografie; detaillierte bibliografische Daten sind im Internet über http://dnb.d-nb.de abrufbar.

ISBN 978-3-95961-680-5

Ebenfalls erhältlich ...

ISBN 978-3-95961-585-3

ISBN 978-3-95961-599-0

ISBN 978-3-95961-543-3

ISBN 978-3-95961-396-5

CHRISTIAN

www.christian-verlag.de